Knaur.

Knaur.

*Im Knaur Taschenbuch Verlag ist bereits
folgendes Buch der Autorin erschienen:*
Unter deutschen Betten

Über die Autorin:
Justyna Polanska ist 32 Jahre alt und stammt aus Polen. Um Geld für
eine Ausbildung zur Visagistin zu verdienen, ging sie nach Deutschland und arbeitet seitdem als Putzfrau. Möglicherweise putzt sie
auch in Ihrer Wohnung.

Justyna Polanska

Nicht ganz sauber

Eine polnische Putzfrau räumt auf

KNAUR TASCHENBUCH VERLAG

Besuchen Sie uns im Internet:
www.knaur.de

Originalausgabe April 2012
Knaur Taschenbuch
© 2012 Knaur Taschenbuch
Ein Unternehmen der Droemerschen Verlagsanstalt
Th. Knaur Nachf. GmbH & Co. KG, München
Alle Rechte vorbehalten. Das Werk darf – auch teilweise – nur mit
Genehmigung des Verlags wiedergegeben werden.
Umschlaggestaltung: ZERO Werbeagentur, München
Umschlagabbildung: FinePic®, München
Satz: Adobe InDesign im Verlag
Druck und Bindung: CPI – Clausen & Bosse, Leck
Printed in Germany
ISBN 978-3-426-78544-7

2 4 5 3 1

Inhalt

Prolog 7

Justyna 9
Wie alles begann 11
Schlaflos in Warschau 13
Der Dritte Weltkrieg 25
Hass – die Erste 28
Ein schöner Tag 33
Justyna, um Himmels willen, Sie sind im Fernsehen! 36
Paparazzi 41
Der Radio-Battle 45
Justyna schwarz auf weiß 49
Hass – die Zweite 53
Meine Freunde und Helfer 57
Immer noch unter deutschen Betten – die neuen Top 10 59
Aber nichts der Madame sagen … 61
Der Alltag geht weiter ODER *Bist du Millionärin?* 65
Queen Alexandra 72
Die Promis 76
Wann wird es endlich wieder Dienstag? 80
Die Klofrau und das Muttersöhnchen 89

Zwischenspiel –
Skurriles aus der Welt einer polnischen Putzfrau 95

Wer ist denn nun zuständig? 99
Kleine Engel 105

Der Pedant 108

Justyna auf dem Bau 116

Die Geldeintreiberin 123

Zwischenspiel –
Skurriles aus der Welt einer polnischen Putzfrau,
die ein wenig Berühmtheit erlangt hat 130

Die Staubsaugerbeutelaffäre ODER Misery lässt grüßen 136

Zwischenspiel – Justyna und der VIP 150

Die Einwegputzfrau 153

Tiger, mein Tiger 157

Die kleinen, aber feinen Unterschiede –
ein deutsch-polnischer Vergleich 160

Marie aus Belgien 165

Zwischenspiel –
Skurriles aus der Welt von Justyna Polanska 170

Nicht ganz sauber – das kleine A–Z der Verrückten 177

Justyna auf Zelluloid – Teil I: Die drei Musketiere 188

Justyna auf Zelluloid – Teil II: Die Qual der Wahl 193

Justyna auf Zelluloid – Teil III: Zwei Tage in München 202

Justyna auf Zelluloid – Teil IV: Vor Handseife wird gewarnt! . . 204

Justyna auf Zelluloid – Teil V: Finale 212

Epilog 217

Prolog

Niemand weiß, wie ich mich momentan fühle. Ist auch klar. Ich selber fühle momentan nichts mehr. Die Zeit scheint stehengeblieben zu sein. Ich beobachte mein Umfeld wie durch einen Dunstschleier. All die Menschen, die um mich herumwuseln, scheinen sich lautlos und in Zeitlupe zu bewegen. Ich möchte etwas sagen, bekomme aber kein Wort heraus. Mein Mund ist trocken. Meine Kehle eine vertrocknete Quelle. Die einzigen noch mit Leben erfüllten Teile meines Körpers scheinen mein Herz zu sein und meine Kopfhaut. Ersteres schlägt immer noch so heftig, dass ich das Blut in meinen Ohren zirkulieren höre. Und mein Skalp juckt, schreit um Hilfe, wehrt sich gegen den Fremdkörper, der mein eigenes blondes, langes Haar überzieht. Ich fühle den Schweiß, der mir in zwei Bahnen den Rücken hinunterläuft. Es ist furchtbar heiß hier. Grell und heiß. Außerdem sehe ich furchtbar aus, wie meine eigene Großmutter. Das zumindest sagt meine Schwester.

Beruhige dich, Justyna, und reiß dich gefälligst zusammen. Nun bist du hier, das wolltest du doch!, weise ich mich selbst an.

Aber wollte ich *das* wirklich? Wer hätte sich das jemals träumen lassen, dass ich hier einmal säße? Ich jedenfalls nicht. Was erwartet mich nun? Beifall oder Marterpfahl?

Ich werde aus meiner panikartigen Angststarre herausgerissen, als die wunderschöne und elegant gekleidete Frau einen Schritt auf mich zugeht. Sie hat eine angenehme Ausstrahlung. Und eine noch angenehmere Stimme. Sie lächelt mich an und sagt in meiner Muttersprache zu mir: »Sie sind also diejenige, die den Dritten Weltkrieg auslösen will?«

Mir wird mit einem Male speiübel. Nein. Ich hatte eigentlich ganz andere Absichten. Ich bin friedlich, durch und durch. Doch nun scheint es zu spät. Ich seufze ergeben.

Also, lasst die Spiele beginnen …

Justyna

Ich bin Putzfrau. Mein Leben ist reich.
Diese beiden Sätze kann ich auch heute noch, nach über einem Jahr, mit stolzgeschwellter Brust und ehrlichster Überzeugung unterschreiben.

Diejenigen, denen diese Sätze nichts sagen, kennen mich anscheinend noch nicht. Daher möchte ich mich noch einmal kurz vorstellen. Mein Name ist Justyna. Ich bin Putzfrau. Eine von Tausenden, die in Deutschland ihre Dienste verrichten. Egal ob schwarz oder angemeldet, wir sind dazu berufen, deutschen Wohnungen, Häusern und Schlössern zu Hochglanz zu verhelfen.

Ich liebe meinen Beruf. Und manchmal hasse ich ihn. So entsteht eines der Wörter, die ich in der deutschen Sprache übrigens sehr liebgewonnen habe: Hassliebe. Obwohl ich, wie anfangs bereits erwähnt, kein aggressiver oder rachsüchtiger Mensch bin. Im Gegenteil, ich strebe nach Harmonie. In seltenen Ausnahmefällen nur lasse ich mich aus der Reserve locken. Das ist dann der Fall, wenn mir oder den Menschen, die ich liebe, Unrecht widerfährt.
Ich habe vor über einem Jahr ein Buch geschrieben. Über mein Leben und die Personen, die darin eine Rolle spielen. Und über meinen Lebensunterhalt beziehungsweise über die Art und Weise, wie ich ihn verdiene. Letzteres nahm den Hauptteil meines Buches in Anspruch. Meine harmlosen und größtenteils nett gemeinten kleinen Anekdoten haben eine

Menge Staub aufgewirbelt. Und da Putzfrauen bekanntlich etwas gegen Staub haben, war mir das oft gar nicht so lieb. Ich war generell sehr erstaunt, ja geradezu perplex, welche Wogen *Unter deutschen Betten* geschlagen hat. Wasser und Staub … wie passend für eine Putzfrau.

Ich habe in den letzten Monaten viel Zuneigung, Bestätigung und Anerkennung erfahren. Und mindestens genauso viel Feindseligkeiten, Beleidigungen, sogar blanken Hass entgegengebracht bekommen. Hass und Liebe eben – Hassliebe. Ich persönlich fände es schöner, wenn das Wort Liebehass hieße. Dann hätte das Wort Liebe mehr Gewichtung als Hass, da es an erster Stelle stünde. Wie dem auch sei. Darüber und über meinen Beruf möchte ich in diesem Buch erzählen.

Ach ja, bevor ich es vergesse. Da Sie mein zweites Buch nun auch angefangen haben zu lesen, gehe ich davon aus, dass Ihnen das erste zugesagt hat, Sie Gefallen an meiner Geschichte und Interesse an meinem Leben gefunden haben. Dafür möchte ich Ihnen an dieser Stelle herzlich danken. Danken möchte ich auch den unzähligen Menschen, die im Internet und per Post so viele liebevolle und aufmunternde Worte fanden. Ich checke das World Wide Web jeden Tag und finde bis heute neue Buchkritiken, Kommentare und Glückwünsche. Das ist wunderbar. Vielen Dank an alle.

Sollten Sie mein erstes Buch nicht gelesen haben, wünsche ich Ihnen nun einfach viel Spaß bei der Lektüre, denn Sie werden Geschichten lesen, die Sie – genau wie ich – nicht für möglich gehalten hätten. Und lassen auch Sie mich wissen, was Sie davon halten.

Wie alles begann

Einen Tag, bevor mein Buch erschien, schrieb die *Süddeutsche Zeitung* im Kulturteil über *Unter deutschen Betten*. Nie hätte sich irgendjemand aus meinem Umfeld (also die paar wenigen, die davon wissen) träumen lassen, dass meine Geschichte so viele Menschen erreichen könnte. Der Artikel berichtete über mich, mein Leben und meine Tätigkeit als Putzfrau. Auf einer ganzen Seite konnten nun Hunderttausende über mich lesen. Das Gefühl war unbeschreiblich. Ich war stolz. Und meine Knie wollten nicht aufhören zu zittern.

Meine Schwester war diejenige, die mir als Erste die Ausgabe mit dem Artikel über das Buch und mich mitbrachte. Ich war gerade vom Putzen bei einer netten Familie nach Hause gekommen, als sie bereits mit einem breiten Grinsen auf ihrem Gesicht und der Zeitung unterm Arm bewaffnet vor meiner Haustür wartete.

»Sag nicht, du hast ihn noch nicht gelesen.«

»Nein, was meinst du?«

»Na, den Artikel über dich, du Schaf …«

Und lachend streckte sie mir die Zeitung entgegen. Ich erinnere mich noch, dass das Zeitungspapier in meinen Händen regelrecht umherflatterte, so aufgeregt war ich. Ich wollte betont langsam lesen, damit mir ja kein Detail entgehen und ich auch alles verstehen würde. Also ließ ich mir Zeit mit meiner Lektüre. Die Überschrift lautete: »Augen zu und durchwischen.« Von Claudia Fromme. Ich musste lachen. Genauso war es! Frau Fromme, mit der ich mich vor einer Woche zum Interview verabredet hatte, hatte den Nagel auf den Kopf getroffen. Heute weiß ich, wie viel ich ihr zu verdanken habe. Ohne ihren Artikel wäre die Welle nie gestartet. Aber eines nach dem anderen. Ich genoss jeden Buchstaben.

Ich stand immer noch auf dem Bürgersteig mit der aufgeschlagenen Zeitung in den Händen, während meine Schwester mich umkreiste wie eine Raubkatze ihre potenzielle Beute und mit ihrem ungeduldigen Blick bat, schneller zu lesen. Je näher ich dem Ende des Artikels kam, desto ruhiger wurde ich. Ich fühlte eine wohlige Wärme in meinem Körper hinaufsteigen. Ich konnte mir nun gewiss sein, dass in diesen Zeilen, deren Inhalt sich um mein Leben drehte, nichts Böses oder Gehässiges stand. Im Gegenteil, sie meinten es gut mit mir. Wollten mir nicht an den Kragen oder sich über mich lustig machen. Ich fühlte mich ernst genommen. Akzeptiert. Gehört. Das Piepsen einer SMS riss mich aus meinen Tagträumen.

»Hallo, Justyna. Bitte morgen die Biotonnen auf die Straße schieben und den Meerschweinchenstall säubern. Danke.«

Auch wenn die Presse über mich schreibt. Ich bleibe nun mal, wer ich bin. Nicht mehr und nicht weniger. Eine Putzfrau.

Schlaflos in Warschau

Nach dem Zeitungsartikel ging alles Schlag auf Schlag. Da niemand meine wahre Identität kannte, kamen alle Interviewanfragen über den Verlag. Und da ich nur über Handy erreichbar war und bin, brummte es in meiner Hosentasche den ganzen Tag. Von neun Uhr bis zwanzig Uhr. Ich musste meinen Klingelton ausstellen, denn tagsüber war ich ja immer beim Putzen. Bei einem meiner Kunden, einem netten älteren Herrn, der immer zu Hause ist, wenn ich putze, brummte es so oft in meiner Hose, dass er auf einmal sagte:

»Fräulein Justyna, entweder Sie haben einen eifrigen Verehrer oder wieder eine neue Stellenanzeige geschaltet. Sie werden mir doch nicht untreu werden.«

Ich lächelte, schüttelte den Kopf und versicherte ihm, dass ich ihm stets treu bliebe. Wenn er nur wüsste …

Um der Menge an Interviewanfragen gerecht zu werden, einigte ich mich mit dem Verlag darauf, von Anrufen auf meinem Handy abzusehen. Stattdessen verbrachte ich lieber eine halbe Stunde pro Tag am Telefon mit der Pressestelle, um sämtliche Interviewtermine zu koordinieren und im Anschluss daran wahrzunehmen. So konnte ich ungestört meinem Hauptberuf nachgehen, ohne ständig angebrummt zu werden. Auf diese Weise gelang es mir, zunächst nur am Telefon Interviews zu geben, mit Radiostationen und Zeitungsredaktionen. Stets rief ich sie mit unterdrückter Nummer zurück und konnte so meine Anonymität wahren. Nach einer Weile war ich so routiniert, dass ich die Antworten zu den Fragen herunterbeten konnte, ohne wirklich zuzuhören. Denn es waren immer die gleichen. Doch dazu später mehr.

Eines Morgens, als ich wieder den vereinbarten Telefonanruf beim Verlag tätigte, entwickelten sich die Dinge dann sogar noch eine Spur weiter. Die nette Dame von der Pressestelle, ohne deren Stimme ich mir einen Morgen während der Woche schon gar nicht mehr vorstellen konnte, sagte:

»Herzlichen Glückwunsch, Sie haben die erste Anfrage für einen Fernsehauftritt.«

Ich musste mich setzen. Auch das werde ich nie vergessen: Ich saß auf meiner Couch im Wohnzimmer und starrte für ein paar Sekunden wie unter Hypnose auf den ausgeschalteten Fernseher.

»Hallo? Sind Sie noch da?«

»Ja, ja, das bin ich. Entschuldigung. Ja, ich bin da. Welcher Sender? SAT.1, RTL? ARD oder ZDF?«

»Nein, es ist ein polnischer Sender, der sie zu seiner Morgenshow nach Warschau einladen möchte.«

Mir wurde übel. Nach Polen? Ich? Das konnte nichts Gutes verheißen. Die können mich nicht mögen. Eine Landsmännin, die in Deutschland Erfolg hat. Das würde Neid erwecken. Oder würden sie sich mit mir freuen? Tausend Gedanken gingen mir durch den Kopf. Instinktiv wäre ich in diesem

Moment gerne wieder ein kleines Kind gewesen und hätte mich im Schoß meiner Mutter vergraben. Aber da ich nun mal kein Kind mehr und so ziemlich auf mich allein gestellt war, rang ich um Fassung.

»Ein Fernsehauftritt? Wie schön, ich freue mich!«

Was für eine Lügnerin ich doch war.

Die kommenden Tage konnte ich an nichts anderes mehr denken. Gedanklich spielte ich, während ich Gläser spülte, Böden wischte und Klos schrubbte, immer wieder meinen Auftritt durch. Einmal sah ich mich eine goldene Treppe hinunterschreiten, in einem goldenen Abendkleid. Wie in Hollywood. Ein anderes Mal sah ich mich auf allen vieren schutzsuchend von der Bühne kriechen, weil ich vom Publikum mit Eiern und Tomaten beworfen wurde.

Mehrmals am Tag musste ich mich ermahnen, mich auf meine Arbeit zu konzentrieren.

Ich konnte und kann es mir nicht leisten, auch nur eine Putzstelle zu verlieren.

Ein weiteres Problem stellte sich ein, als mein Auftritt in Warschau konkret wurde, es ein Datum gab und nun die organisatorischen Dinge geklärt werden mussten. Der Verlag ließ mich wissen, dass der TV-Sender mir ein Flugticket buchen wolle und ein Hotelzimmer. Im ersten Moment sah ich die Gefahr nicht. Gott sei Dank schlug der Blitz ein paar Sekunden später in meinem Kopf ein. Hastig rief ich beim Verlag an. Mit holpriger Stimme sagte ich meiner »Verbündeten« in der

Pressestelle, dass sie unter keinen Umständen den polnischen Fernsehsender die Reise buchen lassen dürfe. Denn die benötigten doch sicherlich meinen richtigen Namen für die Ausstellung des Tickets … Sie sah sofort ein, dass damit meine Identität aufgeflogen wäre. Ein gefundenes Fressen für einen polnischen Fernsehsender. Nicht auszudenken, was dann passiert wäre. Denn damals hatte ich bei den meisten meiner Kunden – auf deren Wunsch wohlgemerkt – noch unangemeldet geputzt. Ich hatte mich zwar während des Schreibens meines ersten Buches bereits darum bemüht, von meinen bestehenden Kunden angestellt zu werden und mich von denen, die eben nicht bereit dazu waren, zu trennen. Trotzdem hatte ich Angst, noch im Nachhinein angezeigt zu werden. So beschloss ich, selbst in Polen anzurufen. Denn schließlich bin ich Polin, und in meiner Muttersprache bin ich sicherer und selbstbewusster.

Das Gespräch verlief ungefähr so:

»Aber Fräulein Justyna, da brauchen Sie sich doch überhaupt keine Sorgen zu machen. Wir sind Profis, genau wie Sie. Diskretion ist gewährleistet.«

»Trotzdem möchte ich den Flug und das Hotel selber buchen und Ihnen dann die Rechnungen nachreichen. Das ist doch sicherlich möglich.«

»Ich denke, das wird nicht gehen.«

»Sind Sie sich sicher?«

»Ja, ganz sicher.«

»Können Sie nicht doch noch einmal nachfragen bei Ihren Vorgesetzten?«

»Das kann ich, aber ich denke nicht, dass das geht.«

Dreißig Minuten später rief ich wie vereinbart erneut beim Sender an.

»Und? Konnten Sie etwas erreichen?«

»Also, wir können Folgendes machen: Sie buchen Ihren Flug und Ihr Hotel selber und reichen die Rechnungen nach. Wir werden Sie dann vom Flughafen abholen.«

Na also. *Hatte ich genau das nicht von Anfang an vorgeschlagen? Egal …*

Nachdem das logistische Problem mit der Wahrung meiner Identität gelöst war, taten sich wie erwartet neue Baustellen auf. Ich hatte ja großspurig angeboten, das Geld vorzustrecken für die Buchung von Flug und Hotel für meinen Trip nach Warschau. Da gab es nur zwei Probleme: Ich hatte nur ein wenig Geld auf der Seite, das ich ungern antasten wollte. Außerdem besitze ich keine Kreditkarte.

Was tun? Meine Familie fragen? Ungern. Meine Freunde? Die wenigen, die ich habe, wissen fast alle noch gar nichts von meinem Buch.

Es gab nur einen, dem ich in dieser Hinsicht vertraute und der mich von Anfang an bei meinem Vorhaben unterstützte, ein Buch zu schreiben: Mr. Chaos. Mein Kunde und mittlerweile, ja, ich würde sagen, Freund. Also nahm ich mir ein Herz und schickte ihm, wie immer, eine SMS.

»Hey, Mr. Chaos, deine polnische Hausangestelle funkt SOS. Fünf Minuten Zeit?«

Keine fünfzig Sekunden später klingelte mein Handy.

»Was hast du wieder angestellt? Geklaut? Schwanger?«

»Wenn es das nur wäre …«

Also schilderte ich ihm die Umstände und mein Anliegen, und keine halbe Stunde später stand ich auf der Passagierliste einer Lufthansa-Maschine von Frankfurt nach Warschau und hatte eine Reservierung für ein Einzelzimmer in einem schicken City-Hotel in der Warschauer Innenstadt.

Ich versprach, ihm das Geld so schnell wie möglich zurückzuzahlen. Als Pfand gab ich ihm mein Leben. Woraufhin er nur lachte und meinte, mein Leben wolle er gar nicht. Für mich würde er ohnehin nicht mehr als fünf Kamele bekommen. Im schlimmsten Fall müsste ich eben die nächsten sechs Monate umsonst putzen.

Auf Mr. Chaos ist eben immer Verlass. Außerdem wusste ich, dass er mir das später einmal nie vorhalten würde. Wäre es andersrum gewesen, ich hätte und würde ihm auch jederzeit meine Hilfe anbieten.

So kam es, dass ich fünf Tage später abgehetzt im Flieger saß. Ich kam nämlich erst um fünf vor zwölf zum Flughafen. Erstens war ich spät dran, und zweitens war es wirklich elf Uhr fünfundfünzig, als mein Mann mit quietschenden Reifen am Terminal des Frankfurter Flughafens vorfuhr. Mein Flug nach Warschau ging um zwölf Uhr fünfunddreißig. Der Grund für meine Verspätung: Ich hatte zu lange geputzt. Das war so: An diesem Vormittag putzte ich bei der Familie Kaiser in Frankfurt-Sachsenhausen. Eigentlich wollte ich am liebsten den Vormittag freinehmen, um mich in Ruhe auf meine erste richtige »Geschäftsreise« vorzubereiten. Aber Frau Kaiser machte mir einen Strich durch die Rechnung:

»Aber Justyna, das ist mir gar nicht recht. Ich brauche Sie unbedingt. Nach dem Urlaub ist so viel zu bügeln. Sie können ja meinetwegen früher anfangen.«

Mein Arbeitsbeginn bei den Kaisers ist in der Regel zwischen sieben und sieben Uhr dreißig. Länger als drei Stunden habe ich dort noch nie gearbeitet. Noch früher anzufangen hätte ich nur schwerlich hinbekommen, da ich ja auch noch meine Sachen für meinen Trip nach Polen packen musste. Also bat ich meinen Mann, der an diesem Tag Spätdienst hatte, mich in der Früh zu den Kaisers zu fahren und dann, gegen zehn Uhr dreißig, dort wieder abzuholen und zum Flughafen zu bringen.

Das Arbeitspensum, das mich an diesem Morgen jedoch erwartete, hatte ich unterschätzt. Ich hatte das Gefühl, der zu bügelnde Haufen Wäsche wäre der einer ganzen deutschen Kleinstadt. Also putzte und bügelte ich an diesem Tag um mein Leben. Ich hatte immer nur meinen Abflug vor Augen, und vielleicht beflügelte mich dieser zusätzliche Druck mit ausreichend Energie. Trotzdem benötigte ich statt drei nahezu vier Stunden. Von zehn Uhr dreißig an schickte mir mein

19

Mann, der in seinem Auto vor der Tür der Kaisers saß, SMS, die immer ungeduldiger klangen, je mehr ich mich verspätete.

Die erste SMS:

»Bin da.«

Die zweite SMS:

»Kommst du?«

Die dritte SMS:

»Hallo??«

Die vierte SMS:

»Wer von uns beiden muss denn zum Flughafen …?«

Gegen elf Uhr dreißig kam ich endlich aus dem Haus gestürzt und schwang mich auf den Beifahrersitz des Autos. Auf der Fahrt zum Flughafen richtete ich meine vom Putzen zerzauste Frisur und schminkte mich. Bereitete mich vor auf mein großes Abenteuer.

Alles ging gut. Und ich erreichte gerade das Gate, als die Passagiere anfingen, in die am Finger wartende Maschine einzusteigen.

Ich war so aufgeregt. Und hatte überhaupt keinen Plan. Mir ging durch den Kopf, wie meine Landsleute auf mich reagieren könnten. Aber auch, wie schön es war, eine solche Würdigung in meiner Heimat zu erfahren. Wenn es denn eine werden würde ...

Über den Ablauf meiner Reise hatte ich nur ein paar kleine Anhaltspunkte. Ein Chauffeur würde auf mich am Flughafen warten und mich dann gleich ins Studio fahren für eine Vorbesprechung und die anschließende Masken- und Kostümprobe. So zumindest stand es auf dem Fax, das mir der Verlag hatte zukommen lassen. Die Sendung würde am nächsten Morgen stattfinden. Und 24 Stunden später säße ich dann bereits wieder im Flieger nach Frankfurt. Ich konnte mir aus zwei Gründen keine zweite Nacht in Warschau leisten. Zum einen hatte ich panische Angst davor, wie sich mein Auftritt dort gestalten würde, und nahm an, dass ich wahrscheinlich danach nur noch nach Hause wollte. Und zum anderen hatte ich am darauffolgenden Tag drei Putzstellen hintereinander. Ein 12-Stunden-Tag bei Stammkunden, auf den ich finanziell nie und nimmer verzichten konnte.

Das Brötchen, das ich von der freundlichen Stewardess serviert bekam, blieb unangetastet. Die Hälfte meines Mineralwassers landete auf meinem Tischchen. So nervös war ich. Ich kam mir vor wie ein kleines, dummes Mädchen, das mit einem Mal in die böse, weite Welt hinausgestoßen wurde. Ich besann mich darauf, dass ich schon viel größere Berge in meinem Leben erklommen hatte, angefangen von meinem Ausflug ins Ungewisse, nach Deutschland, vor über zwölf Jahren. Nun flog ich zurück in mein Heimatland, das sich irgendwie so gar nicht mehr wie Heimat anfühlte.

Je weniger ich Zeit hatte, über mein bevorstehendes Abenteuer nachzudenken, desto gelassener wurde ich. Und viel Zeit hatte ich den Rest des Tages ohnehin nicht. Gott sei Dank.

Nach der Landung wurde ich von einem freundlichen Mann meines Alters abgeholt. Entgegen meiner Vorstellung trug er statt eines schwarzen Anzugs und einer Chauffeursmütze verbeulte Jeans, Basketballschuhe und ein weit aufgeknöpftes, schwarzes Hemd. Er war sehr locker und redselig, und so verging die Zeit im Auto wie im Fluge. Wir plauderten über Gott und die Welt, und ich war dankbar, dass er der erste Mensch war, den ich nach meiner Landung in Polen antraf. Er nahm mir eine große Portion meiner Angst, und ich spürte zum ersten Mal so etwas wie ein freudiges Kribbeln in meinem Bauch. Leider bekam ich ihn nach der Ankunft im Studio nie wieder zu sehen. Er übergab mich in der Lobby der Fernsehstation, die sich am Rande von Warschau in einem modernen Palast aus Glas und Stahl befand, einer hektischen jungen Frau mit gefärbten roten Haaren, die mich dann zu einem anderen Herren brachte. Sie und ihre Haarfarbe blieben mir deshalb so sehr im Gedächtnis, weil ich, während ich mit ihr endlos scheinende Korridore entlangschritt, mich auf ihren Kopf konzentrierte und mich fragte, wie oft sie wohl ihre Haare färbe. All das tat ich, um meine wieder neu aufkeimende Angst zu verdrängen. Aber wie gesagt, eigentlich hatte ich überhaupt keine Zeit für solch gedankliche Exkursionen.

Die Menschen im Sender waren allesamt nett zu mir, aber nicht so herzlich wie mein Fahrer. So wurde ich allen möglichen Leuten vorgestellt, schüttelte an die zehn verschiedene Hände. Ich wurde aufgeklärt, wann ich morgen vom Hotel abgeholt würde, wann ich in der Maske sein müsste und wie lange mein Auftritt dauere.

Ich wandte mich an einen der verantwortlichen Redakteure: »Können Sie mir denn sagen, was genau mit mir morgen passiert?«

»Sie werden den Zuschauern vor den Fernsehern erzählen, wer Sie sind und warum Sie ein Buch geschrieben haben. So ungefähr. Das wird eine ganz entspannte Sache. Glauben Sie mir.«

Diese Antwort befriedigte mich nicht wirklich, ich hatte aber nicht den Mut weiterzubohren. So wurde ich nach dieser kurzen Unterweisung einen Gang weiter geschoben, bis ich in einer riesigen Kleiderkammer stand. In der Garberobe wurde mir ein Outfit verpasst. Da ich darauf bestanden hatte, unkenntlich gemacht zu werden, einigten wir uns auf eine Perücke und ein »meine Person veränderndes« Outfit. Ich dachte, aus mir würde eine rassige Schwarzhaarige werden oder ein rothaariger Vamp. Weit gefehlt. Meine Verkleidung war so grotesk, dass ich, noch in der Garderobe stehend, meiner Schwester eine MMS schickte. Das Bild von mir, das ich ihr sendete, betitelte ich mit »Kein Kommentar, bitte!«.

Woraufhin sie antwortete: »Alles klar, Oma. Ich werde nichts sagen …«

Und da stand ich nun. Mein erster Auftritt im Fernsehen ist zum Greifen nahe. Ich bin in Polen und trage einen grauen Rock, graue Wollstrümpfe und eine graue Lockenperücke. Darüber eine braune Bluse mit einer riesengroßen Schleife. Mein Ebenbild. In 50 Jahren. Unfreiwillig begann ich zu lachen. Die putzende Oma …

Schlaflos in Warschau – das war ich in der darauffolgenden Nacht definitiv. Meine anfänglich ausschließlich vorhandene Angst war einer Mischung aus Vorfreude und Lampenfieber gewichen. Eine Stimmung, mit der ich deutlich besser leben konnte. Dennoch war ich hellwach. Ich lag auf meinem Bett und starrte an die Decke. Ich fühlte mich alleine. Fast so wie damals, als ich zum ersten Mal nach Deutschland kam und als Au-pair-Mädchen anfing. Dabei war ich nun »zu Hause«. Mir wurde bewusst, wie sehr ich Polen verlassen hatte und in Deutschland angekommen war. Meine Heimat war heute woanders.

Ein seltsames Gefühl in jener Nacht.

Ich sehnte mich nach jemandem, der mir in diesen Stunden beistand. Mir aufmunternd auf die Schultern klopfte und ins Ohr flüsterte, dass ich das schon schaffen würde. Ich versuchte, meinen Mann zu erreichen, aber der hatte in dieser Nacht ja Spätdienst, daher konnte er nicht ans Telefon. Meine Schwester war sicherlich auch schon im Bett. Sie wollte ich nicht wecken. Also blieb nur der Blick an die Decke. Nach einer Weile fiel ich in einen unruhigen Schlaf.

Der Dritte Weltkrieg

Und nun, ein paar Stunden nachdem ich endlich eingeschlafen war, saß ich, verkleidet als alte Frau, um sechs Uhr dreißig auf einem Ledersofa inmitten von Scheinwerfern, unzähligen Kabeln und eingekesselt von drei Kameras. Man sagte mir, ich solle hier warten, die beiden Moderatoren würden in Kürze bei mir sein. Obwohl ich in einer der Werbepausen, die höchstens ein paar Minuten dauern, auf die Bühne geholt wurde, kam mir die Zeit, die ich dort alleine auf meinen Auftritt wartete, wie eine Ewigkeit vor. Ich konnte keinen klaren Gedanken fassen. Meine Haare juckten unter der Perücke, und am liebsten hätte ich mir dieses verfluchte Ding mit einem Ruck vom Kopf gezogen und in die Ecke geworfen, genau wie die viel zu warmen Wollstrümpfe und den an Körperverletzung grenzenden Rock, den man mir verpasst hatte. Mir war schrecklich heiß.

Aber egal, nun war es ohnehin zu spät, die Flucht zu ergreifen. Ich war für einen Augenblick vollkommen der Realität entrückt, bis die erste Hälfte des Moderatoren-Teams, die in der Werbepause wahrscheinlich beim Pinkeln oder Nachpudern war, sich endlich zu mir gesellte. Eine schöne, elegante Frau meines Alters. Ihr Erscheinen beruhigte mich. Ich hatte nämlich kurzzeitig ernsthaft gedacht, ich müsste meinen Auftritt selber moderieren und mich alleine der Öffentlichkeit vorstellen.

»Guten Morgen, Justyna, ich bin Edita. Wie geht es Ihnen?«

»Danke, es geht schon. Ich bin ein bisschen aufgeregt.«

»Das ist ganz normal. Machen Sie sich keine Sorgen, wir werden Ihnen lediglich ein paar Fragen stellen zu Ihrer Arbeit und Ihrem Buch.«

Ja, sie hatte in der Tat etwas Beruhigendes an sich. Bis zu ihrem nächsten Satz.

Lachend fügte sie an:
»Sie sind also diejenige, die den Dritten Weltkrieg auslösen will …«.

Nun war ich völlig verunsichert. Ging die Moderatorin davon aus, dass die Zuschauer mich für eine Verräterin halten würden, weil ich als junge Frau nach Deutschland gegangen war, um dort mein Glück zu versuchen, und damit Polen im Stich gelassen hatte? Dachte Edita, die polnischen Zuschauer würden es mir übelnehmen, dass ich in meinem Buch geschrieben hatte, in Polen gäbe es keine Perspektive (zumindest damals, bevor ich nach Deutschland auswanderte)? Dass man es als junger Mensch zu nichts bringen würde?
Hatte ich denn wirklich mein Heimatland verraten?

Auch wenn die Bemerkung von Edita nur als Scherz gemeint war, hatte sie ihre entsprechende Wirkung bei mir jedoch nicht verfehlt. In diesem Moment hätte ich mich übergeben können.

Aber was soll's, Justyna. Reiß dich zusammen. Das hier ist nicht schlimmer, als um acht Uhr morgens auf nüchternen Magen Katzenklos auszuleeren oder die Toiletten deiner Kunden zu schrubben.

Und ich behielt recht. Sobald sich der männliche Part des Moderatoren-Duos zu uns gesellte, ein sehr sympathischer Mann mit unglaublich weißen Zähnen und extrem gepflegten Händen, ging es auch schon los mit dem Interview. Wir waren nun live auf Sendung, und von da ab gab es keine Zeit mehr für Selbstmitleid oder nackte Angst.

Und so nahm die Sendung ihren Lauf ...

Hass – die Erste

Bis heute habe ich mir meinen ersten Fernsehauftritt, und das auch noch in meinem Heimatland Polen, nicht angeschaut. Ich werde es wahrscheinlich auch nie tun. Ich kann mich auch nur noch an einzelne Fragmente erinnern. Ich selber habe diese Minuten wie in Trance erlebt.

Doch so schlecht war es anscheinend nicht. Ich hatte sogar den ein oder anderen Witz gemacht. Ich kam sympathisch rüber. Das zumindest wurde mir von meinem Vater erzählt. Er lebt nach wie vor in Polen und hatte sich an diesem Tag extra den Vormittag freigenommen, um seine Tochter im Fernsehen zu erleben. Unmittelbar nach meinem Auftritt schickte er mir eine SMS.

»Gut gemacht, alte Dame …«

Die Leute im Studio hatten es mir aber auch leichtgemacht. Die Moderatoren waren sehr nett zu mir, behandelten mich äußerst respektvoll. Sie wollten mir keine Fallen stellen oder mich vorführen.

»Was findet man denn unter deutschen Betten?«

An diese Frage erinnere ich mich noch. Es war die Eröffnung unseres Gesprächs. Und ich war perplex und stammelte vor mich hin. Dann aber fing ich mich schnell, und es entwickelte sich eine nette Unterhaltung.

Meine Antwort auf die Frage lautete:

»Unter deutschen Betten findet man viel Gutes, einiges Schlechtes und ab und zu auch Erschreckendes. Auf jeden Fall genug, um darüber ein Buch zu schreiben ...«

Die beiden waren, so schien es mir zumindest, allen Ernstes an mir und meinem Leben interessiert. Das war etwas Neues für mich. Ich habe so viele Male in den letzten Jahren das Gefühl vermittelt bekommen, ich sei nicht mehr als eine Reinigungskraft. Nicht dass das etwas Schlechtes ist, aber manchmal wünsche ich mir auch so sehr Anerkennung für die Person, die ich bin. Und eben nicht nur für meine Fähigkeiten, Hemden zu bügeln, oder die Tatsache, dass ich »gute Brüste« habe oder einen »strammen Hintern«. Diese Dinge höre ich öfter. Öfter, als mir lieb ist.

Es bedeutet mir sehr viel, dass fremde Menschen sich auf einmal für mich interessieren und mir zuhören.

Dennoch war ich nach der Sendung froh, als ich endlich wieder ich selber war. Die graue alte Maus mit der schrecklichen Perücke war Vergangenheit. Und ich wieder ich. Als der Wagen vor meinem Hotel vorfuhr, fühlte ich mich leichter und jünger als in der ganzen Zeit vor meinem ersten TV-Auftritt. Nun wollte ich nur noch kurz meine Koffer abholen und zum Flughafen fahren.
Als ich zur Rezeption kam, sah der nette Mann vom Empfang mich nervös blinzelnd an.

»Hallo, ich wollte nur noch kurz meinen Koffer holen.«

»Gut, dass Sie erst jetzt wiederkommen.«

»Wieso? Ist etwas passiert?«

»Na ja, nein. Es ist nichts passiert, Gott sei Dank. Aber seltsam war es schon ...«

Nun war ich ein erneutes Mal in Alarmbereitschaft.

»Wissen Sie, vor circa einer halben Stunde kam ein Mann in die Lobby reingestürmt und verlangte, Sie zu sehen.«

Ein Mann? Wer? Und woher wusste er, dass ich hier in diesem Hotel wohne?

»Was wollte er von mir?«

»Anscheinend waren Sie vorhin im Fernsehen. Er sagte, er hätte Sie heute Morgen gesehen, und nun wolle er diese Schlampe von Putzfrau zur Rede stellen, diese Verbrecherin ...«

Mir wurde schwindlig. Ich spürte, wie das gesamte Blut aus meinem Kopf in meine Füße sackte.

»Ich weiß leider nicht, worum genau es geht. Aber der Mann war sehr aufgebracht und hat hier rumgebrüllt. Er sagte, er würde nicht eher das Hotel verlassen, bis er wisse, wie Sie heißen und wie er Sie finden kann.«

»Und haben Sie ...«

»Nein, natürlich nicht. Erinnern Sie sich, Sie haben ja nicht mal Ihren ganzen Namen angegeben, geschweige denn Ihre Anschrift.«

Das stimmte.
Als ich am Vortag im Hotel eincheckte, wollte die Kollegin am Empfang, dass ich ein Registrierungsformular ausfülle mit Namen, Adresse und meiner Unterschrift. Ich hatte mich standhaft geweigert und die Rezeptionistin gebeten, mit dem Sender zu telefonieren, die würden ihr alles erklären. Das tat sie dann auch, so konnte ich als Mrs. Justyna »X« absteigen. Eine große Ausnahme, wie ich nach dem Telefonat von ihr noch ungefähr zehnmal zu hören bekam.

»Auf jeden Fall haben wir den Mann vor gut zehn Minuten von unserem Sicherheitspersonal aus dem Hotel eskortieren lassen. Er rief noch hinterher, dass er Sie finden und fertigmachen würde. Es tut mir sehr leid.«

Meine gute Stimmung und die spürbare Erleichterung über den gemeisterten Auftritt schlugen in Bestürzung um. Bestürzung darüber, dass ich es geschafft hatte, jemanden durch meine Geschichte so gegen mich aufzubringen, ja regelrechten Hass zu verursachen. Mir war zum Heulen zumute.

»Ich weiß ja nicht, wo Sie wohnen, Fräulein, oder warum Sie im Fernsehen waren, aber passen Sie in der nächsten Zeit lieber ein bisschen auf sich auf.«

Ich musste wieder an Edita denken und ihre Bemerkung über mich und den Dritten Weltkrieg. Anscheinend gab es wirklich Polen, die mich nun für eine Verräterin hielten. Eine, die ins reiche Deutschland flüchtete, um dort schnelles Geld zu verdienen. Und das auch noch schwarz (früher zumindest).

Die Fürsorge des Mannes am Empfang jedoch rührte mich zu Tränen.

»Vielen Dank für Ihre Hilfe.«

Und mit gesenktem Haupt verließ ich mit meinem Rollkoffer in der Hand das Hotel.

So ließ ich Polen hinter mir.

Die gemischten Gefühle aber nahm ich mit nach Hause.

Ein schöner Tag

Ich musste mich schnell von dem Schock nach meinem Interview im polnischen Fernsehen erholen. Denn erstens warteten von Montag bis Samstag meine sämtlichen Putzstellen auf mich, und zweitens verbrachte ich die frühen Morgen- und die Abendstunden damit, Interviews zu geben. Nur für Fernsehauftritte und -beiträge musste ich mit den Terminen bei meinen Kunden jonglieren. Den ein oder anderen verschieben oder gar ganz ausfallen lassen. Aber das waren nur seltene Ausnahmen, und irgendwie bekam ich auch das hin.

Ingesamt war ich über zwanzigmal im deutschsprachigen Fernsehen. Öffentlich-rechtlichen Sendern, den großen privaten, fast allen deutschen TV-Stationen war ich mindestens einmal einen Beitrag oder eine Einladung wert.

Ich würde mich immer noch nicht einen Medienprofi nennen, aber mit der zunehmenden Anzahl an Auftritten gewann ich mehr und mehr an Selbstbewusstsein und hatte nicht mehr länger das Gefühl, vor jeder Sendung in Ohnmacht fallen zu müssen. Es stellte sich eine gewisse Routine ein. Vor allem was die Fragen anging. Bei nahezu jeder Sendung und jedem Interview war die erste Frage »Was findet man unter deutschen Betten?«. Zu Beginn versuchte ich noch zu variieren mit meinen Antworten. Aber nach einer Weile war ich so eingespielt, dass ich, sobald ich ein *Was* und *deutschen* und *Betten* hörte, intuitiv schon zu meiner Standardantwort griff und drauflosredete.

»Unter deutschen Betten findet man so ziemlich alles, von der Pizzakruste bis zum gebrauchten Tampon.«

Ein- oder zweimal kam es sogar vor, dass ich entgegnete, diese oder jene Frage hätte er oder sie doch vorhin schon gestellt, um dann zu merken, dass ich die Interviewer miteinander verwechselte. Das passierte mir vor allem bei Telefonterminen. Davon hatte ich so an die achtzig. Vier bis sechs am Tag. An einem gewissen Punkt wusste ich gar nicht mehr, welche Zeitung oder welche Radio- beziehungsweise TV-Station ich gerade in der Leitung hatte.

Natürlich gab es auch besondere Erlebnisse, die ich nie vergessen werde. Aber dazu später mehr.

Erst einmal zurück zum Fernsehen.

Einen der schönsten Auftritte hatte ich bei einem öffentlich-rechtlichen Sender in Ostdeutschland. Es war ein ganz besonderer Tag. Ich rechnete damit, wie sonst auch die üblichen Fragen zu meiner Person, meinem Beruf und dem Buch gestellt zu bekommen. Daher war ich auch nicht aufgeregter als sonst. Aber was mir an diesem Tag widerfuhr, machte unerwartet viel Spaß.

Nicht nur, dass alle Menschen dort sehr locker und nett waren. Sie hatten sich auch etwas Außergewöhnliches ausgedacht. Ich war zunächst etwas skeptisch, als mir nach Ankunft im Studio gesagt wurde, sie hätten einen männlichen Kollegen eingeladen, einen Putzmann. Mein erster Gedanke war:

Oje, die wollen dir jemand an die Seite stellen, der dich als schlechte Putzfrau dastehen lässt. Jemand, der dich an die Wand und von der Bühne putzt …

Doch da war ich glücklicherweise im Irrtum. Die ganze Sendung war eigentlich gar kein Interview. Vielmehr unterhielten sich der Moderator, der Putzmann und ich, die Putzfrau, über unsere Arbeit. Wir scherzten, wir lachten, es war unbeschwert und wirklich witzig. In manchen Momenten vergaß ich sogar, dass Kameras uns filmten und wir live im TV zu sehen waren.

Der Höhepunkt unseres Auftritts war eine Bügelvorführung. Dabei musste mein Kollege Hemden bügeln. Ich war die Jury und sollte danach seine Arbeit beurteilen. Es war eine ungewohnte Rolle für mich, aber es hat riesigen Spaß gemacht. Er war übrigens gar nicht schlecht …

Mit einem Lächeln auf dem Gesicht fuhr ich nach meinem Auftritt wieder nach Hause.

Ganz ohne gemischte Gefühle.

Ich ließ diesen Tag auch nicht hinter mir, sondern versuche, mich noch heute immer wieder an ihn zu erinnern und mich daran zu erfreuen.

Das passiert meistens, wenn ich bügle …

Justyna, um Himmels willen,
Sie sind im Fernsehen!

Nicht alle Fernsehauftritte verliefen so reibungslos wie der in Ostdeutschland.

Ein Privatsender mit Sitz in Köln plante einen Beitrag über mich und das Buch für seine Boulevardmagazine. Da es zwei verschiedene solche Formate gibt, eines am Mittag und das zweite am frühen Abend, beschloss der Sender, den Bericht über die schreibende Putzfrau in beiden Sendungen am selben Tag zu zeigen.

So kam es, dass ein Filmteam nebst verantwortlicher Redakteurin aus Köln zu mir ins Rhein-Main-Gebiet kam, um mich bei der Arbeit zu filmen.
Da ich keine der Wohnungen oder Häuser meiner Kunden als Drehort missbrauchen konnte und wollte und Angst hatte, das Team bei mir zu Hause zu empfangen, trafen wir uns bei einer polnischen Freundin von mir, die ich schon seit ein paar Jahren kenne und die nur ein paar Kilometer von mir entfernt wohnt.

Gleich zu Beginn, als ich sah, wie viel verschiedene Stücke an Ausrüstung die Leute in die Wohnung meiner Freundin schleppten, bekam ich ein schlechtes Gewissen. Scheinwerfer, Kabeltrommeln, Abblendschirme, ich kam mir vor wie in einem Filmstudio. Sie war zwar selber nicht zu Hause, da sie arbeiten musste an diesem Tag, aber der Gedanke, jemand würde dort oben bei ihr ein Chaos veranstalten oder gar etwas kaputt machen, ließ mich erschaudern.

Als ich bei der Redakteurin nachfragte, wie lange denn ungefähr der Dreh dauern würde, sagte sie, das würde ganz von mir und meinem Tempo abhängen.

Na toll. Dass ich schnell und gut putzen kann, das weiß ich. Aber ob ich dazu auch in der Lage bin, wenn eine Kamera mich dabei filmt, da war ich mir nicht sicher.

Der Dreh und das anschließende Interview gingen aber glücklicherweise schneller über die Bühne als erwartet. Sogar die Redakteurin lobte meine Professionalität. Auf was genau sie sich dabei bezog, weiß ich heute noch nicht.

Bereits vor den Dreharbeiten wurde ausgemacht und sogar vertraglich festgehalten, dass mein Gesicht verfremdet (»verpixelt«) wird. Das war meine Bedingung. Ansonsten hätte ich diesem Dreh nicht zugestimmt.

Es verging eine gute Woche. Leider wusste ich nicht genau, wann der Sendetermin des Beitrages sein sollte. Ich hatte nur ein vages Zeitfenster bekommen. Die Ausstrahlung solcher Drehs hing immer vom tagesaktuellen Geschehen ab, wurde mir gesagt.

Ich war gerade bei einer netten älteren Dame, bei der ich schon seit Jahren putze. Es war so gegen Mittag, und ich bügelte, als Frau Winkler aufgeregt aus dem Wohnzimmer rief:

»Kommen Sie schnell! Justyna, um Himmels willen, Sie sind im Fernsehen!«

Wie vom Blitz getroffen, ließ ich das Bügeleisen auf die Halterung knallen und lief rüber zu Frau Winkler, die, in ihrem Fernsehsessel sitzend und wild mit den Armen fuchtelnd, in Richtung TV-Gerät blickte. Ich dachte erst, sie hätte mich wohl an der Stimme erkannt, da ich ja unkenntlich gemacht wurde. Und selbst wenn sie es nun wüsste, so schlimm wäre das nun auch nicht, denn die meisten meiner Kunden hatte ich ohnehin schon darüber aufgeklärt. Als ich aber in den Fernseher blickte, traute ich meinen Augen nicht. Das war ich auf dem Bildschirm. Justyna, wie sie leibt und lebt. Ohne Verfremdung. Von Verpixelung keine Spur. Statt verschwommenem Gesicht meine gestochen scharfe Visage.

»Was machen Sie denn da im Fernsehen, Fräulein Justyna?«

»Ich, ich … ich habe ein Buch geschrieben.«

»Wirklich, na, da hatte ich ja keine Ahnung. Toll, dann darf ich Ihnen wohl gratulieren.«

»Danke, ich bügle dann mal weiter.«

Und mit leerem Kopf ging ich zurück ans Bügelbrett. Nach *toll* und *Gratulation* war mir in diesem Augenblick so gar nicht zumute. Für mich bedeutete diese Enthüllung meiner Identität eine Katastrophe. Aus vielerlei Gründen. Zum einen, weil ich ja früher noch schwarzgearbeitet hatte und, wie vorhin bereits erwähnt, nun befürchten musste, im Nachhinein angezeigt zu werden. Und zum anderen, weil ich Angst hatte, diejenigen Freunde, Verwandten und Kunden, denen ich noch nichts von meiner »Nebentätigkeit« erzählt hatte, mit meiner Geheimniskrämerei vor den Kopf gestoßen zu haben. Wieder einmal war mir zum Heulen zumute. Aber dafür war auch dieses Mal schlichtweg keine Zeit. Ich musste handeln. Nach ein paar Telefonaten mit dem Verlag hatte ich endlich einen Verantwortlichen des Fernsehsenders an den Apparat bekommen. Frau Winkler hatte ich erklärt, ich müsste mal ganz dringend weg und würde in einer halben Stunde wiederkommen. In Wirklichkeit saß ich unten in meinem Auto und versuchte, mit meinem Handy bewaffnet, ein Desaster abzuwenden.

Die Redakteurin entschuldigte sich mehrmals bei mir und berief sich auf ein großes Missverständnis. Auch heute glaube ich ihr, wobei es auch nicht fernläge, in diesem Fall an Sensationsjournalismus zu glauben, aber ich möchte Menschen nichts Böses nachsagen, ohne Beweise dafür zu haben. Wir einigten uns darauf, dass der Bericht sofort aus dem Programm genommen und weder in der nächtlichen Wiederholung noch in der Abendsendung gezeigt werden würde. Darüber hinaus versicherte sie mir, dass die gesamte Aufnahme eingestampft und somit entsorgt würde. Zu diesem Wort stand sie offenbar auch, denn als ich zwei Stunden später ins Internet schaute, war die Mediathek des Senders von meinem Film bereinigt.

Mein Schock und meine Verunsicherung legten sich danach wieder etwas. Ich sagte mir, dass die Anzahl an Zuschauern um die Mittagszeit beachtlich geringer war als abends. Außerdem war damit auch mein Geheimnis aufgeflogen. Das kam mir irgendwie auch gelegen, da ich meinen Kunden gegenüber eigentlich immer ehrlich sein wollte. Was ich bis heute auch bin. Alle meine damaligen Arbeitgeber wissen von dem Buch.

Nur einer Familie, den »Promis«, hatte ich es nicht gesagt, aber rechtzeitig vor Veröffentlichung die Stelle gekündigt. Zu ihnen komme ich aber noch später.

Und so bügelte ich an diesem Tag die Sachen von Frau Winkler zu Ende, schweißgebadet und mit wackeligen Knien.

Paparazzi

Dass Menschen neuerdings Interesse an mir zeigten, freute mich. Dass einige Damen und Herren von der Presse es sich jedoch zur Aufgabe machten herauszufinden, wer hinter Justyna Polanska steckt, nervte mich.

Noch vor zwei Jahren hätte ich jeden für verrückt erklärt, der mir gesagt hätte, ich würde irgendwann einmal in meinem Leben Interviews hinter Papierwänden geben, Perücken tragen und falsche Namen bei der Buchung von Hotels angeben müssen. Doch die Wahrung meiner Identität und der meiner Familie und Kunden bedeutet mir alles. Das soll nicht heißen, dass ich nicht zu meiner Arbeit stehe, aber im Zusammenhang mit meiner Tätigkeit eröffnen sich bei einer eventuellen Enttarnung zahlreiche Probleme, angefangen mit der Schwarzarbeit und den rechtlichen Konsequenzen für meine Kunden.

Viele Journalisten riefen beim Verlag an und forderten die Preisgabe meines wahren Namens. Als dieses Vorhaben scheiterte, wollten einige sogar ganz schlau sein. Sie riefen ein erneutes Mal unter einem falschen Namen an, sagten, sie wären Verwandte oder Freunde von mir, hätten aber leider meine neue Handynummer nicht. Jedoch wäre es vollkommen okay, dass der Verlag sie ihnen geben könne …

Andere versuchten mich selbst auszutricksen, während ich ihnen am Telefon Interviews gab. Manche gaben vor, sie müssten das Gespräch kurz unterbrechen, würden mich aber gleich wieder zurückrufen.

»Geben Sie mir doch rasch Ihre Nummer, dann melde ich mich gleich wieder bei Ihnen.«

»Nein, ich rufe Sie noch einmal an. Sagen Sie mir nur, wann.«

»Aber Fräulein Justyna, Sie haben mich doch gerade eh schon angerufen, daher habe ich Ihre Nummer doch schon längst auf dem Display.«

»Nein, haben Sie nicht. Meine Rufnummer ist unterdrückt. Also geben Sie sich keine Mühe.«

»Also, dass Sie so gar kein Vertrauen haben …«

»Ich habe Vertrauen, in meine Intuition. Daher ist das Interview beendet.«

»…«

So oder so ähnlich lief es oft ab, wenn ich Telefoninterviews gab. Diese Szenen erinnerten mich an Krimis, die ich im Fernsehen oder im Kino gesehen hatte. Ich dachte dabei an die Möglichkeit, dass einige von ihnen Fangschaltungen einsetzen würden, um meine genaue Position herauszufinden.

Nun übertreib mal nicht, Justyna. Das hier ist kein Film. Und so wichtig bist du auch wieder nicht.

Ich erinnere mich an einen speziellen Fall. Da war dieser Journalist einer schwäbischen Tageszeitung. Ich persönlich habe nie mit ihm gesprochen, sondern meine »Verbündete« von der Pressestelle meines Verlages. Er rief bei ihr an und gab sich nicht einmal ansatzweise die Mühe, sich zu verstellen. Von Anfang an ging er in die Offensive. Er stellte sich vor und forderte im Anschluss daran die sofortige Aufdeckung meiner wahren Identität. Es sei illegal, dass so eine schwarzarbeitende Putzfrau nicht automatisch der Polizei gemeldet würde. Das wolle er nun übernehmen und alle Hebel in Bewegung setzen, um herauszufinden, wer ich sei und wo ich mich aufhielt. Als die Dame von der Pressestelle sich weigerte, meine Daten herauszugeben, wurde er richtig laut. Sagte, was für eine Unverschämtheit es wäre, jemandem wie mir eine Plattform zu geben, und dass er mich finden und fertigmachen würde. Damit knallte er den Hörer auf.

Ich war fassungslos, als ich die Geschichte hörte. Warum wollte er mich so fertigmachen? Was war sein Problem? Dass ich schwarzarbeitete? Dann hätte er sehr viel zu tun in Deutschland, denn soweit mir bekannt ist, sind die wenigsten Putzfrauen angemeldet. Ich selbst habe erst seit einem Jahr das Glück, nun nur noch angemeldete Stellen zu haben, außer eine (auch dazu später mehr). Aber das war schwer genug. Meine Auftraggeber verlangten die Schwarzarbeit in den meisten Fällen. Viele haben selbst Schwarzgeld, das sie unterbringen wollen. Andere wollen den bürokratischen Aufwand einer Festanstellung nicht oder möchten einfach weniger bezahlen.

Ich frage mich also schon, was so ein Moralapostel eigentlich denkt, wenn er »die Putzfrau fertigmachen« will. Die vielen Journalisten, die ich im Laufe meiner Pressereisen erlebt habe, waren allesamt wesentlich seriöser. Eine Kundin, der ich die Story erzählte und die bei einem bekannten Radiosender als Moderatorin arbeitete, meinte nur: »Na ja, wer bei *der* Zeitung hängenbleibt, muss bitter sein …«

Der Radio-Battle

Battle ist eines der wenigen englischen Worte, die auch mir ein Begriff sind. In Offenbach gab es früher sogenannte Hip-Hop-Battles. Jugendliche unterschiedlichster Herkunft haben sich, anstatt sich die Köpfe einzuschlagen, eine Art Rap-Gesangswettbewerb geliefert. Das wurde irgendwann so beliebt, dass man die Straße als Bühne gegen ein Vereinsheim tauschte. Später wurden daraus regelrechte Veranstaltungen, die in mittelgroße Stadthallen verlegt wurden. Mit meiner Schwester waren wir öfters auf solchen Battles. Es war so mitreißend, dass ich am liebsten mitgemacht hätte. Leider hat mir dafür immer der Mut gefehlt.

Meine Chance, mich in einem Battle der etwas anderen Art zu beweisen, bekam ich nach Veröffentlichung meines Buches. Antenne Bayern, der größte deutsche Radiosender, lud mich zu sich ins Studio nach München ein, um ein Interview zu geben. Da ich ohnehin mal Lust hatte, nach Bayern zu fahren, nahm ich die Einladung an.

Ich höre oft und gern auf meinen Bauch. Auch in diesem Fall. Bereits beim Betreten des Studios hatte ich ein verdammt gutes Gefühl. Der Moderator begrüßte mich, sagte mir, wir würden gleich loslegen. Mir war das recht, ich war guter Laune und hatte sowieso keine große Lust auf endlose Vorbesprechungen. Wenn ich Fragen gestellt bekäme, die mir unangenehm sind, würde ich einfach nicht antworten.

Und es ging los. Er begann unser Gespräch mit den folgenden Worten:

»Nicht nur, dass polnische Putzfrauen klauen, jetzt schreiben sie auch noch Bücher.«

Mit einem Augenzwinkern lächelte mich der Moderator dabei an.
Im ersten Moment war ich perplex. Mir war aber sofort klar, dass er das ironisch meinte. Und da ich ebenfalls ein humorvoller Mensch bin und mir Ironie sehr liegt, fiel meine Antwort entsprechend aus.

»Wenn ich mir eine Putzstelle aussuche, dann nur eine Wohnung oder ein Haus, in dem es viele Wertsachen zu klauen gibt. Sonst lohnt sich die Arbeit für mich doch nicht …«

»Und polnische Putzfrauen können schreiben?«

»Ja, ich habe mir das Schreiben selber beigebracht, vor ungefähr zwei Jahren.«

»Und dann gleich ein Buch?«

»Ja, das Buch habe ich zusammen mit meinem Papagei geschrieben. Er heißt Gustav und hat mir mit meinem holprigen Deutsch geholfen.«

»Was wollen Sie denn mal werden, wenn Sie groß sind?«

»Prinzessin. Und Sie?«

»Auf jeden Fall nicht Putzfrau …«

Und in diesem Stil verlief der Rest unseres Dialoges. Wir beide hatten einen Riesenspaß und mussten teilweise richtig lachen. Es tat gut, endlich mal jemanden zu treffen, der die Dinge auch nicht so bierernst nahm. Ich mochte diesen Mann auf Anhieb. Und er mich anscheinend auch, hatte ich den Eindruck.

Nachdem die Aufnahme des Interviews beendet war, erhob ich mich leichtfüßig von meinem Platz und wollte meinen Kaffee zu Ende trinken, der mir vor Beginn serviert worden war. In diesem Moment hörte ich jedoch den entsetzten Schrei des Moderators:

»NEIN!!! Das Gerät hat nicht aufgezeichnet …!«

So mussten wir unser Interview wohl oder übel wiederholen. Also machten wir uns lachend wieder an die Arbeit. Und das war es wirklich: Arbeit. Denn wir wollten unseren ironischen Battle noch einmal wiederholen. Und es dann immer noch so spontan klingen zu lassen war alles andere als einfach. Da unser Frage-und-Antwort-Spiel mehr Improvisation war als alles andere, fiel der Inhalt im zweiten Anlauf zwar etwas anders aus, aber immer noch gleichermaßen frech und zynisch.

Die einzige Sorge, die wir beide nach Beendigung des Interviews hatten, war, dass vielleicht nicht alle Zuhörer verstanden hatten, dass wir uns gegenseitig auf den Arm nahmen. Dass wir uns einen Radio-Battle geliefert hatten, einen mit einer Menge Augenzwinkern. Manchmal hatte ich sogar das

Gefühl, er flirte mit mir. All dies wird kaum über den Äther nach draußen transportiert worden sein. Schade.

Aber die Prinzessin in spe und der, der später mal keine Putzfrau werden möchte, hatten einander den Tag versüßt.

Justyna schwarz auf weiß

Nicht alle Zeitungen blieben objektiv, was das Buch und mich betraf. Manchmal wurden wir missbraucht. Nicht im körperlichen Sinne. Zweckentfremdet trifft es da besser. Eines meiner neuen deutschen Lieblingsworte: Zweckentfremdung.

So druckte eine sehr bekannte deutsche Tageszeitung mit vier Buchstaben einen Artikel über das Buch und die schreibende Putzfrau, ohne jemals ein Interview mit mir geführt zu haben. Als Überschrift hieß es dort in großen, dicken Lettern:

»Polanska macht für 30 Euro alles!«

Hier erübrigt sich wohl jeder Kommentar. Ich gehe als positiv denkender Mensch einfach mal davon aus, dass mich dieses Blatt nicht als Nutte darstellen wollte und es sich in diesem Fall nur um eine unglückliche Formulierung handelte.

Außerdem tröstete es mich sehr, dass bereits zuvor die internationale, seriöse Presse meine Geschichte aufgenommen hatte. Nachdem der Artikel in der *Süddeutschen Zeitung* herausgekommen war, gab es Berichte in den großen britischen, französischen sowie italienischen Zeitungen und Magazinen. Leider nutzten die meisten dieser Blätter das Buch eher dazu, um sich über Deutschland als müffelnde Supermacht zu mokieren. So wurde ich politisiert. Es sei, so die internationale Presse, lustig und erstaunlich zugleich zu beobachten, dass eine polnische Putzfrau es schaffe, an dem Supersauber-Image des EU-Spitzenstaates Deutschland zu kratzen. Da ja offensichtlich doch eine Menge Dreck unter deutschen Betten schlummere. Da müsse Angela wohl noch ein wenig nachputzen.

Was man den Artikeln dieser Art zugutehalten muss, ist die Tatsache, dass diese stets mit einem Augenzwinkern geschrieben wurden. Und solange Ironie und eine Prise Humor zwischen den Zeilen erkennbar sind, geht für mich diese Art von Berichterstattung in Ordnung.

Obwohl Deutschen-Schelte nichts mit meinem Buch zu tun hat. Mir gefällt es in Deutschland, und ich möchte nirgendwo sonst leben.

Weniger Humor bewies da eine polnische Journalistin, die ein Telefoninterview mit mir führte. Das war so ein typischer Fall von Frontalangriff. Sie wollte mich von vornherein provozieren.
Bevor wir mit der offiziellen Fragerei begannen, schien sie noch recht locker und aufgeschlossen. Machte einen auf Kumpel. Dann, nachdem sie ihr Diktiergerät angeschaltet hatte, änderte sich ihr Ton schlagartig. Auf einmal war da am anderen Ende der Leitung nicht mehr die nette Freundin, sondern eine unemotionale und unverschämte Frau. Sogar ihre Stimme hatte sich verändert. Von weich und sanft auf hart und eiskalt. In weniger als fünf Sekunden.

»Justyna, ich darf Sie doch Justyna nennen«, sie hatte mich vorher schon längst mit Vornamen angesprochen.

»Ja natürlich.«

»Justyna, Sie schildern in Ihrem Buch die katastrophalen Zustände in Deutschland.«

»Aber das tu ich doch gar nicht ...«

»Darf ich zu Ende reden?«

»Äh ja, klar.«

»Also, wenn es für Sie so dermaßen unerträglich in Deutschland ist, warum kommen Sie dann nicht zu uns zurück nach Polen?«

»Moment mal, ich habe immer gesagt, dass mir mein Leben in Deutschland gefällt. Dass ich gerne hier lebe.«

»Ach wirklich? Sie schreiben doch andauernd, dass Sie von dicken deutschen Männern zum Sex gezwungen werden.«

»Wie bitte?! Das habe ich nie behauptet. Wie kommen Sie da...«

»Ach nein? Aber der Deutsche, der Ihnen sein Geschlechtsteil vors Gesicht gehalten hat?«

»Er hat es versucht, aber ich habe mich sofort gewehrt, und danach ist so etwas auch zum Glück nie wieder passiert.«

»Außerdem schreiben Sie, dass polnische Frauen schöner sind als deutsche Frauen ...«

»AUCH DAS HABE ICH NIE SO GESCHRIEBEN …«

»Sie schreiben, dass deutsche Frauen sich nicht genug pflegen und zu wenig Wert auf ihr Äußeres legen. Also hat Schönheit für Sie etwas mit Make-up und kurzen Röcken zu tun?«

»Sagen Sie, für welche Zeitung schreiben Sie noch mal …?«

»Ich bin freie Journalistin und schreibe für verschiedene Zeitungen in Polen.«

»Und für welche ist dieses Interview vorgesehen?«

»Können wir erst mit dem Interview fortfahren, bitte?«

»Nein, bevor Sie mir nicht ein paar Fragen beantworten, können Sie das Interview vergessen …«

»Hören Sie, dafür habe ich jetzt keine Zeit.«

»Sie sprechen mir aus der Seele, ich nämlich auch nicht!«

Nach Beendigung meines Satzes hatte ich den Hörer aufgeknallt. Es war offensichtlich, dass diese Frau einen Aufhänger gesucht hatte, um irgendetwas Diffamierendes über mich zu schreiben. Ihr war das Buch völlig egal, wahrscheinlich hatte sie es auch gar nicht gelesen. Hauptsache, Skandale schaffen. Das ist die Art von Journalismus, die ich zum Kotzen finde.

Leider ist das nicht die einzige negative Reaktion, die ich aus meinem Heimatland zu hören, zu lesen und zu spüren bekam.

Hass – die Zweite

Ich werde Dich persönlich suchen, finden und dann nach Dachau schicken, denn da gehörst Du hin!«

Schlimmer als das konnte es mit den Anfeindungen, die ich im Internet über mich lesen musste, nicht werden. Diesen Satz zu lesen tat weh. Machte mich wütend – und sehr traurig. Leider blieb der Verfasser dieser Nachricht anonym. Der fehlerfreien polnischen Sprache und seinem Usernamen nach zu urteilen aber kam er aus Polen. Das war bitter. Und in einer gewissen Weise auch wieder interessant. Interessant, weil ich nicht geglaubt hätte, dass ich vor allem meine Landsleute so gegen mich aufbringen würde. Und ich mich fragte, warum ich so viel Hass hervorrief. Besonders bei Polen. Wenn die Deutschen mich anfeinden würden, weil ich ihre »schmutzigen Geheimnisse« lüfte, hätte ich das noch nachvollziehen können.

Aber was hatten einige meiner Landsleute denn für ein Problem mit mir?

Ich erinnere mich, dass ich in der Zeit unmittelbar vor und nach der Veröffentlichung von *Unter deutschen Betten* jeden Tag ins Internet ging und checkte, ob es neue Berichte, Artikel, Kritiken oder sonstige Einträge über mich gab. Nach und nach verlor ich nicht nur den Überblick, sondern auch die Lust daran. Zu viele Verrisse, Verunglimpfungen, Beleidigungen. Vor allem aus Polen und von polnischen Landsleuten, die in Deutschland lebten. Die Anonymität des Internets, so scheint mir, ermöglicht es einigen sehr schwachen Menschen, ihre dunkelsten Seiten gefahrlos zu präsentieren.

In polnischen Internetforen fand ich unter anderem (von mir ins Deutsche übersetzt):

»Was will die Schlampe denn in Deutschland, wenn ihr es hier gar nicht gefällt?«

»Ich bin auch schon zwei Jahre hier, und mir gefällt es! Diese undankbare Nutte …«

»Geldgeile Hure!«

»Die Sau würde doch alles für Geld machen …«

Anfangs machte es mich rasend, zu sehen, wie gut mich Fremde zu kennen meinten, die noch nicht einmal meinen wahren Namen wussten. Nach einer Weile aber stumpfte ich ab und wurde nahezu immun gegen Anfeindungen aller Art. Ich konnte Mauern um mich herum errichten, um mich selbst zu schützen.

Am besten abschalten konnte ich, wenn ich bei meinen Kunden putzte. Das war ein Stück Normalität für mich. Für den einen oder anderen Moment vergaß ich dann sogar, dass ich ein Buch geschrieben hatte.

Auf den Boden der Tatsachen wurde ich aber dann immer wieder zurückgeholt, wenn ich nach Hause kam und mein Mann dabei war, das Internet nach neuen Einträgen über mich zu durchforsten. Manchmal überwog dann doch die Neugier, und ich fragte ihn nach neuen Ergebnissen. So wie auch dieses eine Mal, als er mir den Eintrag einer Deutschen auf meiner eigenen Website, die der Verlag und ich zusammen verwalten, vorlas:

»Kein Wunder, dass die Männer dich so anmachen, wenn du dich anziehst wie eine Prostituierte. Kein Wunder, dass die Männer vor dir die Hosen runterlassen. Ich werde dein Buch auf keinen Fall kaufen.«

Irgendwas an diesem Abend ließ die Mauer um mich herum bröckeln. Ich konnte mir nicht helfen, aber ich hatte den Wunsch, dieser Frau zu antworten. Ich hätte es lieber bleibenlassen sollen, doch ich konnte nicht widerstehen:

»Du brauchst mein Buch nicht zu kaufen, denn es ist bereits ein Bestseller …«

Bereits beim Anklicken des »Senden«-Buttons bereute ich es. Ich hatte mich hinreißen lassen, mich auf ein Niveau zu begeben, das ich nie erreichen wollte. Ich wünschte, ich wäre an diesem Abend ein wenig souveräner gewesen.

Jeder hat ein Recht auf seine eigene Meinung. Solange sie sachlich und begründet ist.
Wenn ich nun Bilanz ziehe, so habe ich den Eindruck, dass mir fast alle Deutschen Respekt entgegenbrachten, selbst wenn ihnen das Buch oder der Umstand missfiel, dass ich früher unangemeldet gearbeitet habe. Die Kritik der Deutschen war immer äußerst sachlich, und ich konnte sie gut als »einfach eine andere Sichtweise« annehmen.
Über einen Großteil meiner polnischen Landsleute hingegen kann ich das leider nicht sagen. Das hätte ich vorher keinesfalls angenommen. Ich wurde vor allem über das Internet von

polnischen Usern auf das übelste beleidigt. Ich erhielt sogar Morddrohungen.

Aber warum?

War es aus Neid?

Oder weil mich die in Polen lebenden Landsleute als Verräterin ansahen? Als eine, die das damals sinkende Schiff Polen verließ, um auf der fruchtbaren Insel Deutschland Fuß zu fassen? Ich weiß den Hass bis heute nicht richtig einzuordnen.

Meine Freunde und Helfer

Ich möchte an dieser Stelle wieder mein neues deutsches Lieblingswort ins Spiel bringen: Hassliebe. Wir erinnern uns: Hass und Liebe liegen dicht beieinander. So auch hier. Ich erhielt nicht nur verbale Peitschenhiebe, sondern auch Lob und Anerkennung. Vor allem auf Facebook bekam ich viele Nachrichten und Freundschaftsanfragen von deutschen wie polnischen Lesern, denen offensichtlich etwas an mir und meinem Schicksal lag. Es entwickelten sich sogar regelrechte Diskussionen in verschiedenen Internetforen, in denen es nur um mich ging. Und fremde Menschen, die mich lediglich durch die Presse oder aus dem Buch kannten, wurden zu meinen Advokaten. Sie verteidigten mich mit Worten und Argumenten gegen meine sachlichen und unsachlichen Kritiker. Stellten sich schützend vor mich. Auch heute ist das für mich noch ein wunderbares Gefühl. Angenommen zu sein und akzeptiert. Geschätzt. Eine der schönsten Erfahrungen, die ich dank *Unter deutschen Betten* machen durfte.

Besonders gefreut hatte ich mich auch über die Nachrichten von drei Münchner Polizisten. Sie schrieben mir, dass sie regelrechte Fans von mir geworden waren und sie gerne ein Autogramm von mir hätten. Das muss man sich mal vorstellen: mein erster »Autogrammbrief«, und dann auch noch von Polizisten. Das war eine Freude. So entstand ein netter und witziger Internetdialog zwischen den Hütern des Gesetzes und der polnischen Putzfrau. Zunächst einmal eröffnete ich ihnen, dass ich überhaupt keine Autogrammkarten hätte, ich ihnen aber gerne drei signierte Exemplare meines Buches zukommen lassen würde. Dann fragte ich sie, ob es ihnen denn nichts ausmachen würde, dass ich früher schwarzgearbeitet hatte. Ihre Antwort war überraschend:

»Das ist uns egal! Also, Justyna, weiter so! Das Buch ist klasse! Wir warten auf eine Fortsetzung!!«

Diesen Wunsch konnte ich den Herren Polizisten natürlich auf gar keinen Fall abschlagen, und so war mir ihr Wunsch Befehl. »Leg dich nie mit dem Gesetz an«, ermahnte mich schon meine Mutter, als ich noch ein kleines Mädchen war …

Immer noch
unter deutschen Betten –
die neuen Top 10

Seit dem letzten Buch hat sich einiges in meinem Leben verändert. Die Presse begann, sich für mich zu interessieren. Ich hatte öffentliche Auftritte. Sogar ein paar Fanbriefe erreichten mich. Tolle Momente, für die ich dankbar bin.

In meinem Hauptberuf aber hat sich weniger geändert, als man denkt. Eigentlich gar nichts. Denn meine Arbeit ist die gleiche geblieben. Auch das, was ich nach wie vor unter deutschen Betten finde, wenn ich dort putze, ist und bleibt zum größten Teil kurios bis skandalös und eklig.

Daher habe ich eine neue Hitliste verfasst. Mit den zehn abartigsten Dingen, die immer noch unter deutschen Betten entdeckt werden können:

Platz 10
Zahnersatz mit deutlich erkennbaren Gebrauchsspuren

Platz 9
Eine Crackpfeife

Platz 8
Ein kleines Silbertablett mit zwei Linien Kokain

Platz 7
Ein toter Vogel, wahrscheinlich von der Katze
hereingeschleppt

Platz 6
Ein seit Wochen verloren geglaubter
Flatscreen-Fernseher!!!

Platz 5
Ein Spitzenhöschen mit integriertem Gummipenis

Platz 4
Schnuller mit Lippenstiftspuren in einem kinderlosen
Haushalt

Platz 3
Ein Geschenkgutschein für eine Brustvergrößerung

Platz 2
Eine gefüllte Windel – für Erwachsene …

Platz 1
Ein Buch mit dem Titel *Unter deutschen Betten,*
dessen Seiten zur Hälfte verbrannt waren.
Ich weiß nicht, was das zu bedeuten hat …

Deswegen habe ich einen sehr spannenden Beruf. Ich weiß
nie, auf was ich alles stoße, wenn ich unter deutschen Betten
sauber mache …

Aber nichts der Madame sagen ...

Spätestens nach meinem unfreiwillig unverschleierten Auftritt im Fernsehen, als man schlichtweg »vergaß«, mich zu verpixeln, wussten alle meine bestehenden Kunden von dem Buch. Die paar wenigen, die noch keine Ahnung hatten, wurden nach der Ausstrahlung von mir aufgeklärt. Viele wussten ja ohnehin schon vor der Veröffentlichung von meinem Buchprojekt.

Die Reaktionen waren, bis auf eine Ausnahme, alle gefasst bis positiv. Ich versicherte meinen Kunden, dass die Wahrung ihrer und meiner Identität bei mir höchste Priorität hätte und niemand je erfahren würde, wer in Wirklichkeit hinter den Geschichten steckte, die ich schrieb.

Bei der besagten Ausnahme handelte es sich um ein Ehepaar. Herr und Frau Kellermann. Sie Juristin Ende fünfzig, er pensionierter Versicherungsmakler Anfang siebzig. Herr Kellermann war immer zu Hause, wenn ich zum Putzen kam. Sie meist auf der Arbeit. Er war nie so interessiert an meiner Anwesenheit und verdrückte sich meist in sein Arbeitszimmer. Dabei war er stets nett, schien aber im Haushalt nichts zu sagen zu haben. So vermied er Konflikte mit seiner Frau. Die Anweisungen erhielt ich von ihr, entweder auf einem Zettel oder per SMS.

Wenn ich kam, begrüßte er mich und ging »Zeitung lesen«, meist mit einer Flasche Cognac in der Hand.

»Aber nichts der Madame sagen«, wies er mich stets an.

Irgendwie mochte ich ihn. Daher erfuhr Madame von mir auch nie etwas von seinen Frühschoppen. Nach dem Fernseh-Outing schickte ich Frau Kellermann eine SMS und fragte sie, ob sie bei meinem nächsten Erscheinen zufällig zu Hause wäre. Sie ließ mich wissen, dass sie gegen siebzehn Uhr nach Hause käme und ich ja ein wenig später anfangen könne, dann würden wir uns noch sehen. Daher kam ich eine Stunde später als gewohnt und blieb ein wenig länger.

Sie kam. Und ich erklärte ihr die Situation. Anstatt erstaunt zu sein oder sich mit mir zu freuen, sah sie mich nur an und sagte:

»Das ist aber sehr unangenehm für mich. Wissen Sie, Justyna, ich wollte ja immer, dass Sie angemeldet arbeiten, aber das wollten Sie ja nicht.«

Ich glaubte, ich hörte nicht recht!

Das entsprach einfach nicht der Wahrheit. Die Bedingung von Frau Kellermann zu Beginn meiner Tätigkeit in ihrem Hause war, dass ich schwarzputzen *müsse*, es aber nie jemandem sagen dürfe:

»Weil ich Juristin bin, darf ich niemanden schwarzbeschäftigen. Sie können doch schweigen?!«

Genauso hatte sie es damals gesagt. Und nun tat sie so, als sei das auf meinem Mist gewachsen?

Ich wollte gerade erwidern, dass das, was sie sagte, nicht stimmte, da fuhr sie fort:

»Ich gebe Ihnen hiermit Zeit, sich binnen einer Woche selbständig zu machen, oder wir müssen uns trennen. Sprechen Sie mit Ihrem Steuerberater ...«

In diesem Moment war mir nicht nach Diskutieren zumute. Meine einzige Reaktion war ein sprachloses Nicken. Danach verließ ich das Haus. Im Auto jedoch spürte ich meine Wut aufsteigen. Und ich wusste, das konnte ich nicht auf mir sitzenlassen. Sie hatte damals darauf bestanden, dass ich schwarz bei ihr arbeitete. Und nun, aus Angst, sie könnte enttarnt werden, verdrehte sie nach Belieben die Tatsachen? Und erwartete von mir, dass ich das einfach so hinnähme? Nun ja, was soll ich sagen, sie hatte Erfolg damit. Ich war vorhin nicht schlagfertig genug.

Immer wieder ging mir ihr Satz durch den Kopf:

»Sprechen Sie mit Ihrem Steuerberater.«

Als hätte ich einen Steuerberater ...

Am nächsten Morgen war ich bei Mr. Chaos. Er war zufällig zu Hause, was mich sehr freute, da ich ihn wirklich mochte. Ich erzählte ihm von dem Vorfall. Er lachte und sagte:

»Da gibt es nur eine Sache, die du tun kannst ...«

So setzte er sich neben mich, und zusammen formulierten wir eine SMS, die ich an Frau Kellermann schicken sollte. Was ich dann auch tat. Sie lautete:

»Sehr geehrte Frau Kellermann, nach Rücksprache mit meinem Team von der Steuerkanzlei habe ich beschlossen, alle bisherigen Putzstellen aufzugeben und mich voll und ganz meiner neuen Karriere als Autorin zu widmen. Es lohnt sich für mich einfach nicht mehr, putzen zu gehen. Ich wünsche Ihnen und Ihrem Mann alles Gute.«

Auch wenn ich gerade eine sichere Stelle aufgab, auf deren Lohn ich eigentlich nicht verzichten konnte, fühlte ich mich doch viel besser. Denn ich war mir selbst treu geblieben, und: Auch Putzfrauen haben ihren Stolz ... Also wirklich!

Der Alltag geht weiter ODER
Bist du Millionärin?

Ich kann an einer Hand abzählen, wie viele Mitglieder meiner Familie von meinem Buch wissen. Stimmt genau. Fünf Finger stehen für genau fünf Familienmitglieder. Meine Mutter, mein Vater, meine Schwester, mein Mann und eine meiner Tanten, die in Düsseldorf lebt. In Polen weiß es keiner meiner Angehörigen. Auch aufgrund der heftigen Reaktionen des Mannes in Warschau, der in mein Hotel gestürmt kam, hielt ich es für besser, inkognito zu bleiben. Ich wollte das Risiko nicht eingehen, dass meine polnischen Verwandten die gleichen Gefühle für mich hegen könnten.

In meinem Bekanntenkreise habe ich ebenfalls so gut wie niemanden eingeweiht. Ich möchte so wenig Menschen wie möglich damit behelligen und sie vor der Situation bewahren, eventuell von der Presse oder den Behörden im Zusammenhang mit der Aufdeckung meiner Identität belästigt oder gar unter Druck gesetzt zu werden.

Die paar, die davon wissen, egal ob Familie oder Bekannte, aber auch all meine Kunden stellten mir nahezu allesamt die gleichen zwei Fragen:

»Musst du denn überhaupt noch weiterputzen?«
Und:
»Wie viel verdienst du denn mit dem Buch?«

Also eines kann ich nun ganz sicher sagen: Mit dem Verkauf eines Buches – selbst wenn es ein Bestseller wird, so wie meines – kann man sich so was von nicht zur Ruhe setzen. Natürlich muss ich weiterputzen. Das ist ja auch mein Beruf. Auch nach *Unter deutschen Betten* könnte ich es mir nie und nimmer leisten, mit dem Putzen aufzuhören. Und die Antwort auf die zweite Frage bleibe ich aus Überzeugung jedem schuldig. Über Geld spricht man nicht. Ich schon gar nicht. Jetzt zumindest nicht mehr …

Es hat sich in meinem Leben, außer während der turbulenten Zeit nach der Veröffentlichung, eigentlich nicht viel geändert. Ich putze weiterhin, bin aber mittlerweile selbständig tätig, also nicht mehr schwarz. Ich putze, wenn man das auf meinen Bruttostundensatz umrechnet, nach wie vor für den gleichen Lohn. In der letzten Zeit gab es nur einen Fall, in dem mich jemand überreden wollte, doch schwarzzuarbeiten. Es ist noch gar nicht so lange her, höchstens vier bis fünf Monate, als ich einen Anruf von einem Mann aus der Nähe von Frankfurt bekam. Er behauptete, er habe meine Nummer von einem Bekannten bekommen:

»Ja, also, mein Freund hat Sie mir wärmstens empfohlen.«

»Das freut mich aber.«

»Hätten Sie denn noch Zeit für mich? So zwei bis drei Stunden die Woche?«

»Prinzipiell schon«, erwiderte ich. Aber seine langsame und zögerliche Art zu reden kam mir seltsam vor. Irgendetwas schien er auf dem Herzen zu haben.

»Ja, also, äh, wissen Sie, das mit der Bezahlung … Das müssten wir … anders regeln …«

Obwohl ich ahnte, was nun kommen würde, kam ich ihm verbal keinen Millimeter entgegen. Ich wollte es ihn selbst sagen hören. Daher kam von mir nur ein kurzes »Ja?«.

»Also, ich möchte gerne, dass wir das mit Ihrer Bezahlung außersteuerlich regeln, wenn Sie verstehen, was ich meine …«

Jetzt brachte ich es dann doch auf den Punkt:

»Sie meinen, ich soll bei Ihnen schwarzputzen?«

»Also, äh, ja, wenn Sie das so nennen wollen, dann ja.«

Ich lachte stumm in mich hinein. Wie sollte man es denn sonst nennen?

»Das tut mir leid, aber ich arbeite nur noch angemeldet. Ich habe mich nun selbständig gemacht, wissen Sie …«

»Ach so, na ja, dann schade. Da kann man wohl nichts machen. Dann kommt das für mich leider nicht in Frage. Aber Sie müssen meine Anfrage ja nicht an die große Glocke hängen. Ich arbeite als leitender Angestellter beim Finanzamt.«

Ich glaubte, ich bräche zusammen! Ein Finanzbeamter suchte eine Putzfrau. Schwarz. Das hatte noch nicht einmal ich bisher erlebt.

Ich unterdrückte ein Lachen.

»Überhaupt kein Problem. Ich werde niemandem von unserem Gespräch erzählen.«

»Ja, wirklich schade, dass Sie nicht mehr so arbeiten, Sie wissen schon. Also, wenn Sie Ihre Meinung ändern, dann melden Sie sich bei mir …«

»Das tue ich. Einen schönen Tag noch.«

Und grinsend beendete ich das Gespräch. Wenn mir das eines, was ich in den letzten Jahren als Putzfrau gelernt hatte, mal wieder bestätigte, dann, dass es wirklich nichts gab, was es nicht gab.

Auch nicht das Zusammentreffen mit einem weiteren Polizisten, keine sieben Tage später. Diesmal aber war er nicht aus München, sondern aus dem Rhein-Main-Gebiet und ich bei unserem ersten Zusammentreffen nicht vor dem Computer, sondern auf meinen Knien.

Ich war gerade bei einer netten Kundin, Steffi. Wie gesagt auf allen vieren, denn ich bürstete die Ritzen ihrer Fliesen im Eingangsbereich ihres Reihenhauses. Auf einmal klingelte es an der Haustür, und ein großgewachsener, sympathischer Mann meines Alters trat ein. Er fragte Steffi, ob »sie« nun da sei, woraufhin Steffi nickte und auf mich zeigte. Mit »sie« war offensichtlich ich gemeint. Ich stand auf und gab ihm die Hand. Er war sehr nett und stellte sich als Alex vor. Er war ein Nachbar, und Steffi hatte mich offenbar an ihn weiterempfohlen. Dann trug er mir sogleich sein Anliegen vor. Seine Frau und er suchten, wie konnte es auch anders sein, dringend noch jemanden, der bei ihnen putzte. Sosehr ich ihn auf Anhieb auch mochte, war ich doch zu diesem Zeitpunkt leider bis unter die Hutschnur voll mit Putzstellen. Daher musste ich ihm wohl oder übel absagen, versicherte ihm aber, ich würde mich umhören, ob eine meiner mir bekannten Kolleginnen noch Kapazitäten hätte.

Ich tat wie versprochen und vermittelte ihm binnen zweier Tage eine nette ältere Deutsche. Sie war seit einem Jahr Witwe und froh über jede neue Aufgabe. Sie putzte bereits bei mehreren Leuten, die ich auch kannte und die sie allesamt aufs wärmste empfahlen. Alex und seine Frau bedankten sich herzlich bei mir und machten mit der älteren Dame einen Termin aus.

Gut zwei Wochen vergingen. Dann eines Tages ging mein Handy. Ich hob ab:

»Hallo?«

»Hallo. Justyna? Hier ist Alex, der Polizist, erinnerst du dich?«

»Ja, natürlich erinnere ich mich. Wie geht es dir?«

»Gut, danke. Du, der Grund, warum ich anrufe, ist wegen der Zugehfrau.«

Ich mochte es, wie er die Bezeichnung Putzfrau zu umschiffen versuchte. Er dachte wohl, es sei unhöflich, dieses Wort im direkten Gespräch mit mir zu benutzen.

»Ja, was ist mit ihr? Ist sie nicht gekommen? Oder hattet ihr Ärger mit ihr?«

»Nein, das nicht. Sie war schon zweimal bei uns. Immer pünktlich, und sie ist immer sehr nett. Sie hatte gestern sogar selbstgebackene Kekse mitgebracht …«

»Was ist es dann?«

»Na ja, um ehrlich zu sein. Obwohl sie sehr herzlich ist, putzt sie nicht wirklich gut.«

»Oh, das tut mir leid. Habt ihr ihr gesagt, was sie besser machen soll?«

»Na ja, wir haben irgendwie Hemmungen, weil sie so nett ist. Daher wollten wir fragen, ob du vielleicht mal mit ihr reden könntest?«

Ich fing an zu grinsen. Ich helfe ja gerne aus und vermittle Stellen an Menschen, die auf der Suche sind. Aber ich eigne mich nicht so gut als Botschafterin.

»Also, ehrlich gesagt, würde ich das nur ungern tun. Zumal ich die Dame auch nicht gut kenne …«

»Oh ja, klar. Das verstehen wir total. Tja, Justyna, was wir eigentlich fragen wollten, ist, ob du nicht noch jemand anderen kennst, den du uns vermitteln könntest.«

»Ich kann mich gerne noch einmal umhören, wenn ihr das wollt.«

»Das wäre toll. Aber wir hätten noch eine Bitte.«

»Ja?«

»Kannst du versuchen, eine Polin zu finden für uns?«

»Äh … Ich kann es versuchen. Darf ich fragen, warum?«

»Na ja, die Deutschen sind einfach alle zu geldgierig. Außerdem putzen sie schlecht.«

Diese Antwort amüsierte mich. Es existierten offensichtlich nicht nur Vorurteile gegenüber klauenden Polinnen … Ich entschied mich aber hier, keinen Kampf zu kämpfen.

»Alles klar, Alex, ich höre mich um. Sobald ich was weiß, gebe ich dir Bescheid.«

Wenn ich mal keine Lust mehr habe auf Putzen, wäre das doch eigentlich eine gute Alternative, über die ich nachdenken sollte: Arbeitsvermittlerin für hervorragende Putzfrauen. Aber bitte nur aus Polen.

Witzig, was manche Leute in eine Nationalität hineininterpretieren …

Queen Alexandra

Als ich vor zwölf Jahren nach Deutschland kam, fing ich als Au-pair-Mädchen an zu arbeiten. Bei Gargamel, einem zerstreuten Antiquitätenhändler in Offenbach. Gargamel deshalb, weil diese Comicfigur damals das Erste war, das mir durch den Kopf schoss, als er mich in jenen kalten Morgenstunden am Busbahnhof abholte.

»Der sieht aus wie der fiese Zauberer von den Schlümpfen«, dachte ich mir damals. Gargamel eben.

Meine Aufgabe war es, mich um seine Tochter zu kümmern. Obwohl er von seiner Frau getrennt lebte, wohnte seine Tochter regelmäßig bei ihm, da ihre Mutter viel auf Reisen war. Sie hieß Alexandra. Und war meiner Meinung nach alles andere als ein wohlgeratenes Kind. Sie war offensichtlich oder besser gesagt logischerweise mit der Trennungssituation überfordert und litt stark darunter. Und weil ich die einzige wirkliche Bezugsperson war, ließ sie all ihren Unmut und Frust an mir aus. Nannte mich eine Weile ausschließlich »Arschloch«. Bockte, wo sie nur konnte.

Alexandra war wirklich eine Herausforderung für mich.

Aber sie war eben noch ein Kind und mit der familiären Gesamtsituation überfordert.

Es war eine schwere Zeit für mich, und ich war froh, als ich von dieser Familie loskam.

Ein halbes Jahr bevor *Unter deutschen Betten* auf den Markt kam, hatte ich auf meinem Facebook-Profil eine Freundschaftsanfrage von einer gewissen Alexandra. Ich wusste sofort, wer sie war, und freute mich. Sogleich nahm ich ihre Anfrage an, und es entstand in den ersten Wochen eine lockere Chatfreundschaft. Früher hätte man so etwas wohl Brieffreundschaft genannt, aber die Zeiten haben sich geändert.

Ich hatte mich wirklich gefreut, von ihr zu hören. Sie war mittlerweile zwanzig Jahre alt und studierte in Frankfurt. So kam es, dass wir uns nach ein paar Wochen auf einen Kaffee verabredeten. Es war ein sehr lustiger und entspannter Nachmittag. Das Treffen war von vornherein unverkrampft, und nie kam zwischen uns beiden so etwas wie eine peinliche Stille auf, weil es immer wieder neuen Gesprächsstoff gab. Sie kam mir mittlerweile eher vor wie meine jüngere, aber erwachsene Schwester. Im Gegensatz zu früher, als sie halb so alt und ein störrisches Kind war.

»Bist du denn immer noch so unverschämt und frech wie früher? Du weißt, dass du mir das Leben echt zur Hölle gemacht hast damals.«

Sie lachte: »Ich weiß, ich muss furchtbar zu dir gewesen sein. Es tut mir wirklich leid im Nachhinein. Aber du siehst, ich bin ja ein Stück erwachsener geworden …«

Das konnte ich in der Tat sehen. Ich mochte sie. Und sie mich denke ich auch. Ich erfuhr nach einer Weile, dass sie zu ihrem

Vater so gut wie keinen Kontakt mehr hatte und ihre Mutter nach wie vor ihr Fixpunkt war.

So sahen wir uns in den Monaten vor Veröffentlichung des Buches noch ein paar Mal. Und immer war es locker und unbeschwert. Je näher der Termin rückte, desto öfter fragte ich mich, ob ich ihr von dem Buch erzählen solle, in dem sie zu Beginn ja auch eine Rolle spielte. Aber ich verwarf den Gedanken jedes Mal, denn erstens war das mit ihr und ihrem Vater schon eine halbe Ewigkeit her, zweitens waren ihre Namen ohnehin verfremdet, und drittens hätte ich ehrlich gesagt nicht angenommen, dass sie über das Buch stolpern, geschweige denn es lesen würde.

Wie falsch ich doch lag.

Eine gute Woche nach dem Erscheinungstermin, ich war gerade bei Kunden beim Staubsaugen, klingelte mein Handy. Ich ließ es klingeln, da ich gerade beim Arbeiten war. Später würde ich dann meine Mailbox abhören und gegebenenfalls zurückrufen. So tat ich es auch diesmal. Es war Alexandra, die mir folgende Nachricht hinterließ:

»Hi, Justyna, ich bin's, Alexandra. Sag mal, kann es sein, dass du ein Buch geschrieben hast? Wenn nein, dann sorry, vergiss meinen Anruf. Wenn ja, dann lösch am besten gleich meine Nummer aus deinem Handy. Ciao.«

Ohne groß darüber nachzudenken, drückte ich die Rückruftaste, dann aber besann ich mich und legte auf. Was sollte ich ihr denn sagen? Dass ich kein Buch geschrieben hatte? Damit würde ich ihr ins Gesicht lügen, und das wollte ich auf keinen Fall. Und wenn ich ihren Verdacht bestätigte, dann würde ich mir wahrscheinlich ein erneutes Mal aus ihrem Munde anhören müssen, was für ein Arschloch ich sei. Manchmal ist es besser, wenn sich die Gemüter beruhigen, bevor man das Gespräch sucht. Daher nahm ich mir vor, ihr an dem Abend auf Facebook eine Nachricht zu schicken. Als ich mich dann zu Hause an den Computer setzte und mich bei Facebook einloggte, bemerkte ich sofort, dass ich dort einen Freund weniger hatte. Also ging ich die Liste meiner Kontakte durch, und tatsächlich, sie hatte mich bei Facebook bereits gelöscht. Damit ließ ich es auf sich beruhen. Es war schön, sie wieder getroffen zu haben. Aber manchmal sollen aufgewärmte Beziehungen einfach nicht sein.

Und vielleicht stimmt auch, was mein Mann bemerkte, als ich ihm von der Geschichte erzählte:

»Einmal Queen, immer Queen.«

Die Promis

Wie bereits erwähnt, hatte ich nur eine Putzstelle aufgegeben, kurz bevor *Unter deutschen Betten* herauskam. Um, sagen wir mal, eventuellen im Zusammenhang mit dem Buch auftretenden »Problemen« aus dem Weg zu gehen. Ich erachtete es damit auch nicht als notwendig, dieser Familie mitzuteilen, dass ich unter die Autorinnen gegangen war, obwohl sie auch in meinem Buch vorkam. In *Unter deutschen Betten* hatte ich die Familie die »Promis« genannt. Vielleicht erinnert sich der ein oder andere noch an sie. Die, die immer eine Spur zu laut waren (vor allem er). Die eine Spur zu wichtig waren. Und eine Spur zu unaufrichtig.

Frau Promi war schwanger mit ihrem dritten Kind. Ich hatte mich schon vor der Geburt einverstanden erklärt, in Zukunft gelegentlich auf das Baby und die beiden anderen Kinder aufzupassen. So kam es, dass ich eines Tages, das Baby war bereits geboren, am Nachmittag, nachdem ich fertiggeputzt hatte, bei den Promis blieb und auf die Kinder aufpassen sollte, weil die Eltern mal wieder zu einem ihrer wichtigen gesellschaftlichen Events eingeladen waren. Ich hoffte, dass sie diesmal wirklich eingeladen waren und sich nicht wieder von befreundetem Catering-Personal durch die Hintertür einschleusen ließen …
Es war früher Abend. Frau Promi war noch dabei, sich schön zu machen. Nachdem ich das Baby zu Bett gebracht hatte, widmete ich mich im Wohnzimmer meiner Bügelarbeit, während Herr Promi dafür sorgen sollte, dass die beiden anderen Kinder ihr Abendbrot aßen. Der neunjährige Sohn bestand

darauf, sein Abendessen selbst zuzubereiten, indem er sich von seinem Vater eine Dose Ravioli öffnen ließ, diese aber eigenhändig in einen Topf goss und ihn auf dem Herd erwärmte. Alles schien harmonisch und friedlich. Bis Herr Promi zu mir sagte:

»Mein Gott, Justyna, ist das nicht erstaunlich, wie erwachsen er geworden ist? Nun kann er schon alleine kochen.«

Woraufhin ich, ohne es allzu ernst zu meinen und ohne viel darüber nachzudenken, entgegnete:

»Na ja, eine Dose Fertignudeln in 'nen Topf zu schütteln macht aus ihm ja noch keinen Meisterkoch …«

Aber das war eindeutig zu viel für Herrn Promi. Vielleicht brachte es das Fass für ihn zum Überlaufen. Auf jeden Fall bekam er von null auf hundert rote Flecken im Gesicht, knallte sein Weinglas auf die Küchentheke, dass dessen Stiel unter der Wucht des Aufschlags in zwei Teile zerbrach und der Rotwein sich unkontrolliert auf der Granitplatte ausbreitete. Er brüllte:

»Das muss ich mir von 'ner polnischen Putze nicht sagen lassen. So eine Scheiße. Lern du doch erst mal, mit Messer und Gabel zu essen, bevor du dein Maul aufreißt!«

Das saß. Aber dieser Satz kam mir gerade recht. Ich kann bis heute nicht genau sagen, ob ich vielleicht schon seit langem diesen Streit unterbewusst provoziert, ja sogar herbeigesehnt hatte. Auf jeden Fall konterte ich in dem gefühlten Bruchteil einer Sekunde:

»Ich höre wohl nicht recht, sag mal, wer gibt dir das Recht, mich vor deinen Kindern derartig anzuschreien? Pass auf, wie du mit mir redest!«

»Das Recht gebe ich mir selber. Denn ich bin hier der Hausherr. Und du die Putzfrau. Eine, die, wie alle von deinem Schlag, keine Manieren hat.«

Ich musste unfreiwillig anfangen zu lachen. Das, was Herr Promi mir an den Kopf warf, war nicht nur unverschämt, es war vor allem dumm und unqualifiziert. Was für ein kleiner, verletzter und unsicherer Junge muss noch immer in ihm schlummern, um eine solche Profilneurose entwickelt zu haben?
»Aber nur zu«, dachte ich mir, »biete mir ruhig noch mehr Angriffsfläche ...«

Die Kinder der Promis hatten bereits die Flucht in ihre Zimmer im ersten Stock angetreten. Daraufhin gab ich mir selber grünes Licht für meine verbale Gegenattacke, die ich ganz ruhig, aber mit fester Stimme und ganz deutlich plazierte:

»So, du Idiot, nun sag ich dir mal, was ich unter ›keine Manieren haben‹ verstehe. Seit Jahren putze ich bei euch. Bin immer zuverlässig, immer pünktlich. Ihr dagegen seid mit eurer Zahlung meines Lohnes bis zu einem halben Jahr im Rückstand. Ihr sagt mir sogar frech ins Gesicht, dass es schwere Zeiten sind und ihr nicht so einfach dreihundert Euro für zehn Wochen Arbeit berappen könntet. Und dann präsentierst du mir keine fünf Minuten später deinen neuen Porsche Turbo, der da protzig in eurer Einfahrt steht. Das bedeutet ›keine Manieren haben‹. Und es bedeutet für mich außerdem, dass ich um euren Esstisch herumputzen muss, während ihr genüsslich euer Mittagessen genießt, ohne mir in den letzten Jahren auch nur einmal einen Bissen angeboten zu haben. Oder ein Glas Wasser. Versteh mich nicht falsch, ich hätte sowieso dankend abgelehnt, aber der Gedanke zählt. Manieren hat man also bei uns in Polen, wo wir deiner Meinung nach alle noch mit den Fingern essen und Messer und Gabel nur zu dem Zweck nutzen, deutsche Autos aufzubrechen und dann zu klauen. Zum Thema ›fehlende Manieren‹ kann ich dir noch mehr Beispiele aufzählen, wenn es dir noch nicht reicht …«

»Doch«, erwiderte er, »es reicht. Verschwinde von hier.«

»Nichts lieber als das. Ich denke, ihr solltet euch heute Abend einen neuen Babysitter suchen.«

Damit war die Geschäftsbeziehung mit den Promis beendet. Aber ich war so stolz auf mich. Ich war erleichtert und fühlte mich an diesem Abend einen halben Meter größer. Ich bin viel selbstbewusster geworden, lasse mir nicht mehr so viel bieten wie früher. Vielleicht bin ich auch einfach nur älter geworden. Ich habe jedenfalls gelernt, mich zu wehren, wenn mir Unrecht widerfährt.
Ich habe gelernt, den Mund aufzumachen.
Und den Respekt einzufordern, der mir gebührt und den ich meiner Umwelt in gleichem Maße entgegenbringe. Und ich weiß ganz sicher, dass ich deshalb keine polnische Putze bin, die keine Manieren hat.

Wann wird es endlich
wieder Dienstag?

Diese Frage stelle ich mir immer schon am Mittwoch. Denn Dienstag ist ein guter Tag für mich. Obwohl ich arbeiten muss. Ich habe drei Stellen hintereinander in einem schönen Vorort von Frankfurt. Bei drei Bilderbuchfamilien. Ich denke, es ist die berühmte Chemie, die zwischen uns allen einfach stimmig ist. Ich habe es hier mit drei Dream-Teams zu tun.

Dream-Team I:

Da hätten wir zunächst Maria und Josef. Maria ist Hausfrau und Josef Handelsvertreter für einen Mobilfunkkonzern. Sie haben drei Kinder, zwei davon gehen bereits in die Schule, das dritte noch in den Kindergarten. Alle drei sind katholisch. Die gesamte Familie besteht aus Katholiken. So etwas kannte ich bis dato nur aus Polen. Die Mutter geht mit ihren Kindern jeden Tag in die Kirche. Der Vater ist leider die meiste Zeit während der Woche beruflich auf Reisen. Sie kocht jeden Tag für die Kinder, mindestens einmal. Immer sitzt man bei Maria und Josef während der Mahlzeiten gemeinsam am Tisch. Immer gibt es nette, lockere Gespräche. Die Kinder sind ungemein kommunikativ, verstecken sich nicht in ihren Zimmern hinter Gameboys, Playstations oder anderen elektronischen Ersatzfreunden. Sie gehen bei Wind und Wetter hinaus zum Spielen. Oder sie malen und töpfern. Und sie sind nie schlecht gelaunt, sondern immer höflich und aufgeschlossen. Respektieren ihre Umwelt, einschließlich meiner Wenigkeit.

Maria hat stets ein offenes Ohr für mich. Bittet mich, ihr bei Kaffee und Kuchen Gesellschaft zu leisten.
Für mich eine heile Welt, die ich so nicht kenne und nie kennengelernt hatte.

»JUSTYNA, DER KAFFEEEE IST FERTIG.«

Diesen Satz, aus Marias Mund, höre ich jeden Dienstag. Die vier Worte bedeuten mir eine Menge.

Es mag banal klingen, aber dort – in meinem Stück heiler Welt – macht mir das Putzen richtig Spaß.

Dream-Team II:

Steffi und Paul. Ein Ehepaar um die vierzig. Sie haben vier Kinder im Alter von fünf bis fünfzehn. Steffi hat ihren Beruf als Ärztin aufgegeben, um ihre Kinder großzuziehen. Paul ist niedergelassener Internist. Intelligente und herzliche Menschen. Jedes Mal, wenn die Kinder von der Schule und vom Kindergarten nach Hause kommen und ich gerade beim Putzen bin, geben sie mir die Hand, sagen »Guten Tag, Justyna«. Sie siezen mich, und das ist mir schon fast unangenehm … Auf jeden Fall ist auch diese Familie eine besondere. Denn hier wird Nächstenliebe und Großzügigkeit nicht nur gepredigt, sondern auch gelebt. Die Kinder teilen alles miteinander. Egal ob Spielzeug oder Essen. Ich habe sie noch nie miteinander streiten gehört. Wenn ich das mit meiner Kindheit vergleiche, und den damit verbundenen Kämpfen mit meiner Schwester, kommt mir das alles gleich noch unwirklicher vor.

Steffi nimmt sich stets Zeit, um mit mir zu reden. Um mich zu fragen, wie es mir geht. Und bei ihnen geht es mir immer gut ...

Dream-Team III:

Conny und Ivan. Auch ein sehr nettes Paar. Sie haben zwei Mädchen, zwölf und sechzehn Jahre alt. Beide gehen aufs Gymnasium. Conny ist mittlerweile Hausfrau und trainiert eine Mädchenfußballmannschaft. Ivan ist Softwareentwickler.

Auch dort fühle ich mich sehr wohl. Da ich an jedem Dienstag immer bei ihnen anfange zu putzen, sehe ich die Kinder sehr selten. Also nur, wenn sie Schulferien haben. Ich kenne sie also nicht wirklich gut. Ivan habe ich erst nach einem Jahr kennengelernt. Er ist bereits auf dem Weg in die Arbeit, wenn ich komme. Conny hat dann übrigens immer eine Tasse Kaffee für mich auf den Tisch gestellt, und so beginnt mein Arbeitstag meist mit einem netten Gespräch.

Leider putze ich bei Conny und Ivan nicht mehr. Denn Folgendes passierte letzten Sommer:

Da ich mit meinem Mann einen Urlaub auf Zypern gebucht hatte, sagte ich allen meinen Kunden frühzeitig Bescheid. So auch meinen drei Dream-Teams. Als Conny an der Reihe war, trug sie sich meine Abwesenheit in den großen Wandkalender ein, der an einer der Küchenwände hängt – für jeden leicht einsehbar. Dann machte ich mich an die Arbeit. Vier Wochen später, als ich das letzte Mal bei ihnen putzte, verabschiedete ich mich von Conny.

»Also, dann sehen wir uns in drei Wochen wieder. Du weißt ja, ich fliege morgen in den Urlaub.«

»Ja, ich weiß. Ich wünsche dir eine tolle Zeit auf Zypern. Genieß es und erhol dich gut!«

»Danke, Conny. Und ihr fahrt nicht weg diesen Sommer?«

»Nein, wir bleiben hier. Meine Mädels haben ein Fußball- turnier, und Ivan muss durcharbeiten. Vielleicht fahren wir in den Herbstferien spontan noch mal weg … Ach ja, Justyna, ich sammle kitschige Urlaubssouvenirs, wie du ja weißt …« Das wusste ich wohl, so haben wir alle unsere sympathischen Macken. Connys Eigenheit ist es, kitschige Schlüsselanhänger oder kleine Schneekugeln zu sammeln, mit den jeweiligen Wahrzeichen einer Stadt oder eines Landes … Furchtbar, aber liebenswert.

Ich lachte und versicherte ihr: »Kein Problem, Conny. Wenn ich so was sehe, bringe ich dir natürlich etwas mit. Das kit- schigste Souvenir, das ich finden kann …«

Und beschwingt verließ ich ihr Haus.

Drei Wochen vergingen. Ich hatte einen schönen und erholsa- men Urlaub auf Zypern hinter mir und stand an einem sonni- gen Dienstag um Punkt acht Uhr wieder vor ihrer Tür. In meiner linken Hand hielt ich zwei Schlüsselanhänger, die mit weißen und blauen Glasperlen, die den Satz »I love Cyprus« bildeten, versehen waren.
Ich klingelte. Und wartete.
Aber niemand öffnete.

Ich klingelte noch einmal, aber nichts tat sich. Die Vorhänge am Küchenfenster und an der Wohnzimmerfront waren zugezogen.

»Entweder sie haben verschlafen, oder sie sind doch in den Urlaub gefahren«, dachte ich mir.
Ich rief auf Connys Handy an. Doch sofort meldete sich ihre Mailbox. Also sprach ich drauf und bat um Rückruf …
Dummerweise waren meine anderen Dream-Teams auch im Urlaub, daher konnte ich nicht schon früher bei einem von beiden anfangen mit meiner Arbeit. Also war ich mal eben dreißig Kilometer mit dem Auto umsonst gefahren … Ich hatte einen unfreiwillig freien Tag bekommen. Das ärgerte mich schon ein wenig, da einige Kunden sich gewünscht hatten, dass ich nach meinem Urlaub ein wenig länger putzen kommen könnte. Ich hätte die Stunden heute also gut anderweitig nutzen können.

In den kommenden Tagen hörte ich nichts von Conny und ihrer Familie. Es folgten noch zwei SMS meinerseits, aber keine Antwort. Da am kommenden Dienstag meine anderen beiden Dream-Teams wieder da waren, ging ich erneut das Risiko ein, bei Conny vor verschlossenen Türen zu stehen, denn ich hatte ja immerhin die beiden anderen als Ausweichstellen, falls ich erneut versetzt werden sollte.
Und dem war in der Tat so.
Das gleiche Szenario: die Vorhänge zugezogen und keine Reaktion auf mein Klingeln. Dann rief ich ein weiteres Mal auf Connys Handy an.

»Hallo, hier ist Justyna. Tja, ich weiß leider nicht, was passiert ist. Ich stehe nun zum zweiten Mal vor verschlossener

Tür. Ich hoffe, bei euch ist alles in Ordnung. Bitte melde dich doch bei mir«, und mich langsam sorgend, legte ich auf.

Als ich dann unplanmäßig gute drei Stunden zu früh bei Maria ankam, war sie natürlich erstaunt, versicherte mir aber, dass es kein Problem sei, heute früher anzufangen.

»Sag mal, weißt du, wo Conny und Ivan sind? Ich bin heute das zweite Mal versetzt worden.«

»Ach, haben sie dir nicht Bescheid gegeben? Die sind spontan nach Kroatien geflogen, zum Segeln. Ich weiß selber nicht genau, wann sie wiederkommen, so gut kenne ich sie ja auch nicht …«

Ich war befremdet über Connys Verhalten und die damit verbundene Ignoranz mir gegenüber. War ich allen Ernstes nicht einmal eine SMS oder einen Anruf wert? Mein Handy war im Urlaub immer angeschaltet, meine Mailbox im Übrigen auch, eine Nachricht hätte ich also bekommen. Ich war enttäuscht.

Zwei weitere Wochen zogen ins Land, die Sommerferien in Hessen waren fast vorbei, da bekam ich am Sonntag eine SMS:

»Hallo, Justyna, kannst du am Dienstag bitte pünktlich um acht Uhr hier sein? Danke, Conny.«

Instinktiv tippte ich folgende Antwort:

»Hallo, Conny, das schaffe ich leider nicht. Ich finde es übrigens nicht in Ordnung, dass du mir nicht Bescheid gegeben

85

hattest, dass ihr nun doch in den Urlaub gefahren seid. Ich stand vergeblich vor eurer Tür. Zweimal. Meine Anrufe und meine SMS hast du auch nicht beantwortet ...«

Ich dachte, nun würde eine Entschuldigung folgen oder eine kurze Erklärung. Immerhin zog ich nach wie vor die Möglichkeit in Betracht, dass das alles ein großes Missverständnis war. Damit wäre die Angelegenheit auch bereinigt gewesen. Doch ich wurde eines Besseren belehrt:

»Dann musst du am Dienstag gar nicht mehr kommen.«

Autsch. Das saß. Wie eine Ohrfeige. Damit war die Sache für mich also gegessen. Und die gute Stelle gestrichen.

Da Conny und Ivan mir aber noch zwei Monate Lohn schuldeten, schrieb ich sie eine Woche später erneut per SMS an.

»Hallo, Conny, mir ist aufgefallen, dass ich noch Geld von euch bekomme. Den Lohn für acht Wochen. Bitte hinterlasse ihn doch bei Maria. Danke und Gruß, J.«

Es vergingen keine zwei Minuten, bis ich ihre Antwort erhielt:

»Hallo, Justyna, du solltest das Geld schon selber abholen. Dann kannst du mir ja auch gleich mal erklären, warum du es nicht mehr für nötig erachtest, zur Arbeit zu erscheinen.«

Es vergingen keine neunzig Sekunden, bis ich folgende SMS zurücksendete:

»Conny, ich kann es mir einfach nicht leisten, dass du weg-
fährst und mir nicht mal Bescheid gibst. Ich komme zu dir,
stehe vor der Tür, und keiner macht auf. Ich habe auf deinem
Handy angerufen, und mehrere Wochen warst du nicht in der
Lage, mich zurückzurufen. Ich kam damals auch vom Urlaub
zurück und hatte eine Menge Arbeit vor mir. Also, anstatt vor
deiner Tür zu stehen, hätte ich woanders Geld verdienen können.«

Kurze Zeit später piepste mein Handy:

»Das kannst du mir ja persönlich sagen. Das wäre deutlich
höflicher.«

Nun platzte mir der Kragen. Eine SMS zu schreiben ist immer
noch besser, als sich gar nicht zu melden.

»Soll ich meine Beschwerde vielleicht gleich schriftlich einrei-
chen? Per Einschreiben?«

Conny beendete daraufhin unsere SMS-Debatte mit folgen-
dem Satz:

»Das hier ist einfach nicht mein Niveau, Justyna. Leb wohl.«

Zum Schluss kam ich mir vor wie das kleine, dumme Mädchen, das etwas ausgefressen hatte. Dabei hätte ich mir doch
nur eine Entschuldigung gewünscht. Aber manche Menschen
begegnen Kritik mit Arroganz und Überheblichkeit und eröffnen gerne mal Nebenschauplätze, um von den eigentlichen
Dingen abzulenken. So auch Conny. Ihr passte es nicht, dass
ich, die Putzfrau, ihr einen Vorwurf gemacht hatte. Vielleicht

dachte sie auch, dass Leute wie ich generell kein Recht haben, sich zu äußern, wenn ihnen etwas missfällt.

Schade, denn es war ansonsten eine tolle Zeit bei ihnen. Bis auf das unschöne Ende und die Tatsache, dass Conny in der Nachbarschaft rumerzählt, sie hätte mich »rausgeworfen«.

Aber dadurch lasse ich mir meinen Dienstag nicht vermiesen. Schließlich habe ich immer noch zwei tolle Stellen an meinem Lieblingsputztag.

Mein Geld habe ich übrigens bis heute nicht bekommen …

Die Klofrau und das Muttersöhnchen

Es ist schon ein paar Jahre her, da putzte ich bei einem netten älteren Ehepaar, den Bodowskis. Sie hatten eine sehr schöne Jugendstilvilla in Frankfurt-Niederrad. Sie waren beide pensioniert, also in ihren frühen Siebzigern. Hinter ihrer Villa breitete sich ein wunderbarer, parkähnlicher Garten aus, an dessen hinterem Ende ein weiteres, kleineres und um einiges bescheideneres Häuschen stand. Ich denke, es wurde ursprünglich zu dem Zweck errichtet, das Personal unterzubringen. Heute wohnt dort Kai-Uwe Bodowski. Der Sohn. Einige würden auch sagen: das Muttersöhnchen. Jedenfalls erfüllte er alle Kriterien, um diese Bezeichnung zu verdienen. Er war bereits Anfang vierzig und lebte dort mit seiner Frau Phuong-Anh, die ursprünglich aus Thailand kam. Ich habe nie erfahren, wie er sie kennengelernt hatte. Es interessierte mich auch nicht wirklich. Denn er war mir alles andere als sympathisch. Er hatte so gar nichts von seinen Eltern, die trotz Reichtum und einer beachtlichen Karriere, auf die sie zurückblicken konnten, mir nie das Gefühl gaben, ich wäre »nur« Personal. Kai-Uwe jedoch ging sprichwörtlich durch mich hindurch, wenn wir uns irgendwie im Haus der Eltern oder auf dem Grundstück trafen. Er grüßte mich nie, obwohl ich das immer wieder aufs Neue probierte. Nur seine Frau war immer nett zu mir, doch sie schien immer in seinem Schatten zu wandeln. Ein seltsames Paar.

Ich putzte nur bei den Eltern im Vorderhaus. Frau Bodowski pflegte immer zu sagen:

»Nein, nein, der Kai-Uwe ist ja schon groß, der hat sein kleines Haus schon selber im Griff.«

Dabei war es Phuong-Anh, die sich alleine um den Haushalt kümmerte. Das wiederum wusste ich von Herrn Bodowski, dem Vater. Kai-Uwe hatte auch keinen wirklichen Beruf. Anscheinend gab es genug Geld in der Familie, so dass er es sich leisten konnte, sich ausschließlich um die finanziellen Belange der Familie zu kümmern.

Einmal kam ich wieder zu den Bodowskis. Phuong-Anh war zu ihren Verwandten nach Thailand geflogen, und Kai-Uwe war alleine zu Hause. Ich kam ins Haus und wollte mich gerade an die Arbeit machen, da bemerkte ich, dass ein paar der von mir benötigten Putzutensilien nicht an ihrem Platz waren. Von Frau Bodowski war auch keine Spur. Also fragte ich Herrn Bodowski, ob er wisse, wo Eimer, Wischmop und Handschuhe seien. Darauf erklärte er mir:

»Ach, die hat meine Frau gerade. Phuong-Anh ist doch nach Hause geflogen, weil ihre Tante beerdigt wird. Daher hat unser armer Kai-Uwe ja niemanden, der ihm den Haushalt macht. Das erledigt meine Frau in der Zwischenzeit.«

»Soll ich das nicht lieber übernehmen? Bevor ihre arme Frau selber Hand anlegen muss.«

»Nein, nein, das ist schon in Ordnung, Justyna. Unser Junge ist das ja gewohnt, dass seine Mama bei ihm putzt. Dann ist es ja auch immer so ein bisschen wie früher, als er noch bei uns gewohnt hat ...«

Das tut er doch immer noch, oder sehe ich das falsch?

Ich dachte mir meinen Teil und widmete mich erst einmal der Bügelwäsche.

Ein halbes Jahr später traten die Bodowskis ihren alljährlichen Trip nach Madeira an. Drei Wochen. Das bedeutete für mich, dass ich erst in der letzten Urlaubswoche bei ihnen vorbeischaute und durchputzte, damit bei ihrer Ankunft alles sauber wäre und sie ein schönes Heim vorfänden. Da war nur ein Haken: Sie hatten eine Katze.

»Machen Sie sich um die Minka keine Sorgen, Justyna. Kai-Uwe kümmert sich um sie, gibt ihr zu fressen und macht das Katzenklo.«

Damit schienen die Dinge ja alle geregelt.

Zwei Wochen später kam ich also wieder zu den Bodowskis. Schon beim Aufsperren der Haustür stieß mir ein abscheulicher Geruch entgegen. Es roch bestialisch. Nach Scheiße. Katzenscheiße.
Das darf ja wohl nicht wahr sein, dachte ich mir und machte mich auf die Suche nach Minka. Bis ich sie fand, entdeckte ich ihren Kot in nahezu allen Zimmern, deren Türen offen standen. Und das verteilt über zwei Etagen. Ich musste mehrmals meinen Brechreiz unterdrücken. Das eigentliche Katzenklo, das im Gäste-WC im Erdgeschoss stand, war als solches gar nicht mehr zu erkennen, denn die Exkremente quollen aus

dem Plastikkasten und verteilten sich über den gesamten Flie-senboden. Der Futternapf und die Wasserschale standen un-gewöhnlicherweise direkt neben der Eingangstür, obwohl sie sonst in der Küche ihren Platz hatten. Die leeren Whiskas-Dosen lagen um den Napf herum verteilt. Das konnte für mich nur eines bedeuten: Kai-Uwe hatte überhaupt keine Lust gehabt, das Katzenklo zu säubern, wahrscheinlich war das unter seinem Niveau.

Und die Putzfrau kam ja eh noch mal, bevor die Eltern zu-rück waren. Toll!

Daher beschränkte er seine Haustierpflege auf das Füttern der Katze. Und damit er auch keine Sekunde zu lange dem Gestank ausgesetzt war, öffnete er von außen schnell die Haustür, füllte Futternapf und Wasserschale auf und ver-schwand sofort wieder.

Und das Ergebnis war, dass ich nun knöcheltief in der Kacke watete.

Intuitiv wollte ich auf der Stelle kehrtmachen und dieses Kat-zeninferno hinter mir lassen, aber ich konnte die Bodowskis nicht im Stich lassen. Ich fühlte mich irgendwie mitverant-wortlich, obwohl Minkas Versorgung nicht meine Aufgabe gewesen war. Aber ich hatte Kai-Uwe von Anfang nicht ge-traut.

So dauerte es ganze zwei Stunden, bis ich sämtliche Kötel auf-gesammelt, die Flecken vom Parkett, den Fliesen und den Perserteppichen entfernt und den Müll entsorgt hatte. Und bis ich mit meiner eigentlichen Arbeit anfangen konnte. Das Schlimmste an dieser Strafarbeit aber war der penetrante Uringestank. Es schien, als hätte Minka als Pinkel-Aus-weichort für das zugekackte Katzenklo zwei Bereiche ge-

wählt: den Badteppich im Gäste-WC und den Baumwoll-
läufer in der Küche. Beide waren triefend nass. So machte ich
mich eigenmächtig an die Entsorgung und warf sie mit spit-
zen Fingern in die Mülltonne. Als ich schließlich mit allem
fertig war (zwei Stunden später als üblich) und das Haus nicht
mehr stank wie eine Kloake, ging ich hinter zu dem Garten-
häuschen von Kai-Uwe und Phuong-Anh. Als ich an die Tür
klopfte, dauerte es eine Weile, bis sie öffnete.

»Hallo, Justyna, wie geht es dir?«

»Danke, Phuong-Anh, mir geht es gut. Sag mal, ist Kai-Uwe
da? Kann ich kurz mit ihm sprechen?«

Es entstand eine seltsame Pause, und Phuong-Anh wirkte etwas nervös.

»Nein, der ist in der Stadt, bei der Bank und Besorgungen
machen.«

»Ach so. Na, vielleicht kannst du mir ja auch sagen, ob in den
letzten beiden Wochen einer von euch das Katzenklo von
Minka gemacht hat? Denn es war eine Katastrophe, was ich
dort vorgefunden habe. Es scheint, als hättet ihr nicht einmal
die Streu ausgewechselt.«

»Nicht wahr. Doch, Kai immer gegangen rüber und gemacht
Minka. Alles gut.«

»Na ja, alles gut war es eben nicht. Ich musste gerade zwei
Stunden damit verbringen, die Kötel im ganzen Haus zu ent-
fernen …«

Ich konnte meinen Satz gar nicht zu Ende sprechen, da schoss Kai-Uwe aus dem Hintergrund an die Tür, stieß seine Frau zur Seite und sah mich mit hochrotem Kopf an. Dann brüllte er:

»Jetzt stell dich gefälligst nicht so an. Du bist schließlich die Putzfrau meiner Eltern. Also wirst du dir ja wohl nicht zu fein sein, die Scheiße wegzumachen.«

»Deine Eltern sagten mir, dass du dich um die Katze kümmern würdest!«

»Ich sag es noch mal, Justyna, du bist die Putzfrau, also bist du auch die Klofrau, kapiert?«

Seine Frau guckte die ganze Zeit betreten auf den Boden.

Im Nachhinein hätte ich souveräner gekontert, aber damals kam mir nichts anderes in den Sinn zu sagen als:

»Du bist verrückt. Echt wahr.«

Ich drehte mich um und ging durch den Park zurück zum Haus. In das ich an diesem Tag zum letzten Mal zurückkehrte. Ich hinterließ den Eltern einen Zettel, auf dem ich mich für die Zusammenarbeit bedankte und sie wissen ließ, dass ich nächste Woche noch einmal vorbeikommen würde, um mich persönlich zu verabschieden.

Zwischenspiel –
Skurriles aus der Welt einer
polnischen Putzfrau

Ich wollte vor geraumer Zeit einer Familie, bei der ich putzte, ein Auto abkaufen. Der Preis betrug dreitausend Euro. Als ich mein Interesse bekundete, fragte mich die Frau mit weit aufgerissenen Augen:

»Aber Justnyna, wie willst du denn so einen Haufen Geld auftreiben? Du bist doch 'ne arme Putzfrau …?«

Klar, und du 'ne arme Irre!

***

Eine nette ältere Dame, bei der ich einmal die Woche sauber mache, schüttete mir ihr Herz aus. Ihr Sohn wollte heiraten, aber sie war mit seiner Auswahl alles andere als einverstanden:

»Wissen Sie, Justyna, dann eröffnet er mir, dass seine Verlobte aus Polen kommt. Das war vielleicht ein Schock für mich …«

Und du für mich, meine Liebe!

***

Dialog zwischen einer Kundin und mir:

»Sag mal, wie bist du eigentlich an den Verleger gekommen, der dein Buch veröffentlicht hat? Hast du da mit jemandem geschlafen?«

»Äh, nein!«

»Okay, dann eben nicht geschlafen. Aber so ein bisschen Handarbeit? Oder mit dem Mund …?«

»Nein, nichts dergleichen. Die fanden meine Idee und mein Exposé einfach gut.«

Darauf sie (verschmitzt lächelnd):

»Kein Problem, Justyna, von mir erfährt niemand was …«

… ???????

***

Ich war putzen bei einer sehr lieben Kundin und gerade dabei, den Küchenboden zu wischen. Sie kam herein und bereitete sich einen Kaffee mit aufgeschäumter Milch an ihrem Vollautomaten zu. Nachdem er fertig war, stand sie neben mir, trank in aller Ruhe ihren Kaffee und fragte mich nach ein paar Minuten:

»Justyna, willst du wirklich keinen Kaffee?«

»Nein, danke«, erwiderte ich, »obwohl du mich gar nicht gefragt hast, will ich wirklich keinen Kaffee.«

»Okay, dann lass ich dich mal weiter schrubben.«

Und mit ihrem köstlichen Heißgetränk verließ sie die Küche.

Ich glaube, ihr Körper war von Außerirdischen in Besitz genommen worden …

***

Ein- bis zweimal im Jahr fahre ich mit meinem Mann in den Urlaub. In diesem Zusammenhang bekam ich von einer sehr wohlhabenden Kundin, die eine Kunstgalerie in Frankfurt besitzt, folgende Frage gestellt:

»Sagen Sie, Justyna, wie können Sie es sich überhaupt leisten, zweimal im Jahr wegzufliegen? Einmal reicht doch auch, finden Sie nicht?«

Wieso? Wachsen einem beim zweiten Mal Haare auf dem Handrücken?

***

Obwohl nahezu alle meine Kunden wissen, dass ich keinen Wein mag, weder rot noch weiß, werde ich regelmäßig an Weihnachten mit dem Rebensaft überhäuft. Mein Mann und ich, beides keine Weintrinker, haben daher bereits ein Weinregal in unserem Kellerabteil aufgebaut. Bald mache ich mich mit einer Vinothek selbständig, nur leider sind auch alle unsere Freunde eher auf Wodka geeicht …

Na, dann Prost!

***

Anfang August bekam ich von einer Kundin, die mir in der Vergangenheit schon sehr oft kurzfristig abgesagt hatte, folgende SMS:

»Hallo, Justyna, ich werde dich in der nächsten Zeit erst einmal nicht brauchen. Bitte komme dann am 22. Oktober um Punkt acht Uhr wieder zu mir!«

Auf diese recht dreiste Nachricht erlaubte ich mir eine ironische Antwort:

»Oder soll ich nicht gleich erst am 24. Dezember kommen? Ich meine den 24. im Jahre 2012?«

Ich bin aber auch so was von schnippisch …

Wer ist denn nun zuständig?

Ich habe durch meine Auftritte in den Medien viel gelernt. Ich habe meine deutsche Aussprache verbessern und mir ein breiteres Vokabular anlegen können. Natürlich hat mir dabei auch die Arbeit an meinem ersten Buch erheblich geholfen.

Und noch etwas habe ich durch mein »Rampenlicht«-Dasein erfahren: dass kein Kunde so schwierig und zäh bei Honorarverhandlungen ist wie einzelne Fernseh- und Radiostationen. Und nur wenige meiner Kunden, außer ein paar schwarzen Schafen, so nachlässig, was die Zahlungsmoral betrifft.

Wenn ich zum ersten Mal mit den verantwortlichen Redakteuren von Radio und TV sprach, hieß es meist:

»Wir können Ihnen, so wie es aussieht, kein Honorar zahlen. Aber ich werde versuchen, Ihnen ein Bahnticket zweiter Klasse für die Anreise zu beschaffen.«

Wie gnädig, dachte ich mir.

Egal ob lokaler Radiosender oder einer der größten privaten TV-Stationen, alle versuchten stets, mich umsonst zu bekommen.

Mr. Chaos war, wieder einmal, derjenige, der meinte, ich dürfe mich nicht unter Wert verkaufen:

»Justyna, die haben auch ihr Budget. Wenn sie dich wollen, dann sollen sie dir neben den Reisekosten wenigstens ein symbolisches Trinkgeld geben!«

Daher beschloss ich, allen Redaktionen, die nichts zahlen wollten, eine Absage zu erteilen. Natürlich machte ich hier Ausnahmen. Bei kleinen Sendern, die ohnehin schon um ihr Überleben kämpfen mussten, verlangte ich kein Honorar.

Exemplarisch für das Feilschen um eine »Aufwandsentschädigung«, so nannten die meisten Redaktionen diese Art von Lohn, war folgender Dialog, den ich mit einem der größten deutschen Fernsehsender hatte. Mit der Redakteurin einer bekannten Talkshow, die im Abendprogramm ausgestrahlt wurde:

Ich: »Gibt es denn auch ein Honorar?«

Sie: »Gut, dass Sie das ansprechen, Justyna. Nein, das gibt es natürlich nicht. Das ist ja auch nicht üblich.«

Ich: »Oh, ich dachte, bei Ihnen heißt das Aufwandsentschädigung? Das zahlen Sie nicht?«

Sie (freundlich lachend): »Ich merke schon, Sie sind ja ein richtiger Profi. Wissen Sie, Justyna, ich musste Sie eh schon durchboxen. Ich meine, damit Sie den Auftritt in unserer Sendung bekommen. Daher, denke ich, ist das so gut wie unmöglich!«

Ich: »Aber wie soll ich denn ins Studio kommen? Ich muss ja davor auch irgendwo übernachten, wenn ich um sechs Uhr früh in der Maske sein soll.«

Sie: »Na ja, haben Sie denn keine Freundin hier oder eine Verwandte, bei der Sie übernachten können?«

Ich: »Nein, habe ich nicht.«

Sie: »Puh, was mach ich denn mit Ihnen?«

Ich: »Na ja, wie wäre es denn damit: Ich kaufe ein Zugticket und buche ein Hotel, lege das Geld aus, und Sie erstatten mir dann die Kosten?«

Sie (immer noch in verständnisvollem Ton, aber nun etwas unterkühlt): »Wissen Sie, Justyna, dafür bin ich ja gar nicht zuständig. Ich kümmere mich um die Inhalte der Sendung.«

Ich: »Wenn Sie nicht dafür zuständig sind, woher wissen Sie dann, dass ich keine Aufwandsentschädigung bekommen werde?«

Sie: »…«

Ich: »Hallo? Sind Sie noch da?«

Sie: »Ja, ich bin noch da, Justyna. Können Sie mich in fünf Minuten noch einmal zurückrufen?«

Ich: »Natürlich …«

Fünf Minuten später:

Ich: »Hallo, hier ist wieder Justyna.«

Sie: »Hallo, Justyna, schön, dass Sie zurückrufen!«

Ich (»Hä??« denkend): »Ja, das hatten wir ja so ausgemacht, vor fünf Minuten …«

Sie: »Also, ich musste zwar gerade richtig mit meinem Chef diskutieren, aber ich habe es geschafft. Sie bekommen von uns nach Ihrem Auftritt einen Verrechnungsscheck von zweihundert Euro. Dafür müssen Sie aber Ihre Reisekosten selber zahlen, und auch sonst sind damit all Ihre Aufwendungen entschädigt.«

Ich: »Ich denke nicht, dass ich damit ein Zugticket, ein Hotel und etwas zu essen und zu trinken zahlen kann.«

Sie (leicht genervt): »Ist Ihnen das also zu wenig?«

Ich: »Ja.«

Sie: »Hm.«

Sie: »An wie viel dachten Sie denn?«

Ich: »Fünfhundert Euro.«

Sie: »Nie im Leben. Dreihundert.«

Ich: »Vierhundertundfünfzig.«

Sie: »Dreihundertundfünfzig.«

Ich: »Vierhundert.«

Sie: »Dreihundertundfünzig.«

Ich: »Vierhundert. Mein letztes Wort.«

Sie: »…«

Ich: »Sind Sie noch da?«

Sie: »Gut, vierhundert. Aber erzählen Sie das ja nicht weiter. Das könnte mich meinen Job kosten.«

Ich (stumm die Augen rollend): »Versprochen …«

Unmittelbar nach diesem Telefonat war ich unsicher und dachte, ich wäre zu weit gegangen. Nachdem ich aber ein paar Wochen später mit einer sehr netten Redakteurin eines Konkurrenzsenders über das Thema Aufwandsentschädigung sprach, versicherte sie mir, dass es bei größeren TV-Stationen branchenüblich sei, ein Honorar zu zahlen, und dass meine Forderung alles andere als überzogen gewesen war.

Da die meisten Medien, mit denen ich zusammenarbeitete, mein Honorar überwiesen und keine Schecks ausstellten, konnte ich natürlich nicht meine eigene Bankverbindung angeben, da ich meinen wahren Namen ja nicht preisgeben wollte. Meine Freundin, in deren Wohnung damals der bereits erwähnte Beitrag für den Privatsender gedreht wurde, half mir aus und stellte mir ihr Konto zur Verfügung. Dort würden also meine Aufwandsentschädigungen zwischengeparkt werden. Wir trafen die Vereinbarung, dass sie mich jedes Mal, wenn es einen Zahlungseingang für mich gab, per SMS kontaktieren würde.

Nun war ich natürlich nach jedem Auftritt neugierig, wie schnell denn das Geld bei ihr ankommen würde, und wartete auf ihre Nachricht. Ich konnte und kann ihr immer noch vertrauen. Sie würde mich nie übers Ohr hauen.

Doch auf die SMS musste ich bei den meisten Auftritten lange warten. Bei einigen sogar sehr lange. In einem Fall warte ich noch heute auf das Piepsen meines Handys, das mir eine neue Honorarnachricht anzeigt. Bis auf eine oder zwei Ausnahmen musste ich regelmäßig nach vier Wochen telefonisch nachhaken und meinem Geld hinterherrennen. Man hatte es gerne mal »vergessen«. Und das sollte bei vielen nicht der einzige Anruf meinerseits gewesen sein. Manche ließen sich drei bis sechs Monate Zeit.

Ein Unding, wie ich finde.

Nahm man mich nicht ernst? Dachten die alle: »Die Putzfrau soll doch froh sein, dass sie mal ins Fernsehen durfte?«

Den Satz »Dafür bin ich leider nicht zuständig« hörte ich leider auch öfter, als mir lieb war.

Und ein TV-Sender in Ostdeutschland tut nach wie vor so, als hätte mein Auftritt und die damit verbundene Zahlungsvereinbarung nie stattgefunden …

Kleine Engel

Auch wenn ich Gefahr laufe, mich zu wiederholen, so ist es mir doch ein Anliegen, immer wieder aufs Neue zu betonen, dass die meisten Leute, bei denen ich putze, gut zu mir sind und mich respektvoll behandeln. Wenn ich hier eher Negatives berichte, dann deswegen, weil das Positive einfach nicht spektakulär genug ist für ein solches Buch. Dennoch überwiegt es aber.

Ich gehe sogar noch ein Stück weiter und sage, dass ein paar Menschen mittlerweile so etwas wie Freunde für mich geworden sind, und ich, das hoffe ich zumindest, auch für sie eine Vertraute.

Da sind zum Beispiel Herr und Frau Kiste. Ein herzliches Paar, das mir seit Jahren die Treue hält. Gemeinsam haben wir Höhen und Tiefen durchlebt. Als Anwältin steht Frau Kiste mir bei rechtlichen Fragen nach wie vor zur Seite. Ihnen vertraue ich blind.

Bei Mr. Chaos ist das definitiv auch der Fall. Er und sein Partner sind mir richtig ans Herz gewachsen. Wenn ich gerade im Zusammenhang mit *Unter deutschen Betten* einfach nicht mehr weiterwusste, war er immer für mich da.

Über diese außergewöhnlichen Menschen habe ich ja bereits ausführlich geschrieben und werde es auch hier noch tun.

Doch noch nie über Janine.

Janine ist mit zweiundzwanzig Jahren noch sehr jung. Sie ist sogar noch jünger als meine Schwester. Aber sie ist mit einem Mann verheiratet, der achtzehn Jahre älter ist als sie. Er ist Arzt und in seiner eigenen Praxis sehr eingespannt. Ich habe ihn noch nie gesehen. Nur Janine und ihr sechs Monate altes Baby sind zu Hause, wenn ich bei ihnen putze. Ich denke, sie ist einsam und vermisst ihren Mann, wenn er arbeiten muss. Und es ist sicherlich auch nicht leicht, ohne fremde Hilfe auf ein kleines Baby aufzupassen, zumal sie selber, manchmal zumindest, noch wie ein zerbrechliches Kind wirkt. Doch sie meistert ihre Aufgabe mit Bravour.

Immer, wenn ich zu ihnen komme, um zu putzen, kommt es mir vor, als freue sie sich aufrichtig, mich zu sehen. Keine aufgesetze Miene. Keine künstliche Höflichkeit. Sie scheint erleichtert zu sein über meine Anwesenheit, und wir beide unterhalten uns eigentlich die ganze Zeit, während ich putze. Sie steht dann mit dem Baby auf dem Arm neben mir und erzählt, was sich alles in der letzten Woche getan hat.
Manchmal passe ich auch auf ihre kleine Tochter auf, während sie zum Friseur geht oder Einkäufe tätigt.

Ich denke, sie hat Nachholbedarf, was das Reden betrifft, und freut sich über ein wenig Gesellschaft.

Sie tut mir gut.
Ich ihr auch. Das zumindest glaube ich. Nein, ich bin mir sogar sicher. Denn vor gar nicht so langer Zeit schickte sie mir folgende SMS:

»Justyna, ich wollte dir nur mal sagen: Es ist schön, dass es dich gibt. Du bist eine richtige Freundin für mich geworden und eine Riesenhilfe. Ich wollte eigentlich auch nie eine Putzfrau haben, denn alleine das Wort Putzfrau finde ich schrecklich. Du bist eben beides: eine Hilfe und eine Freundin. Ich hoffe, dass es noch lange dauert mit uns. Und wenn du jemals ein Kind hast, dann komme ich mit meiner Kleinen bei dir vorbei, und wir helfen zur Abwechslung mal dir.«

Diese SMS machte mich glücklich, und ich hüte sie noch heute in meinem Handy wie einen Schatz.

Interessant war es für mich zu sehen, dass Menschen, mit denen ich zu tun habe, mir ihre Gefühle in den meisten Fällen nicht ins Gesicht sagen können. Sie nehmen oft den indirekten Weg wie zum Beispiel eine SMS. Sei es, um sich über etwas zu beschweren, ihren Ärger loszuwerden, oder aber, um mir zu sagen, dass ich wichtig für sie bin und sie mich mögen. So wie Janine.

Menschen wie meine Dienstags-Dream-Teams, Mr. Chaos und Janine bestätigen mich in meiner Berufswahl und geben mir Kraft, durchzuhalten. Ich bin sehr dankbar dafür.

Dass die Tage, an denen ich bei Janine und Mr. Chaos putze, trotz allem nicht zu meinen Lieblingsarbeitstagen gehören, liegt daran, dass ich da jeweils noch bei anderen Kunden arbeite. Bei Menschen, die definitiv nicht zu meinem Favoritenkreis zählen. Einer von ihnen ist Lothar. Ich korrigiere mich: Er war es …

Der Pedant

Eines Tages vermittelte Mr. Chaos mir Lothar. Einen alleinstehenden Mittvierziger, der schon mal verheiratet war. Lothar arbeitete als Geschäftsführer der Deutschland-Filiale eines großen amerikanischen Softwarekonzerns. Er war beruflich viel auf Reisen, vor allem in den USA. Und Lothar hatte ein wunderschönes Haus. Im Deutschen sagt man dazu, glaube ich, »Architektenhaus«. Viel Glas, viel Stahl, alles sehr hell und minimalistisch eingerichtet.

Ein Traum für jede Putzfrau (abgesehen vom Fensterputzen).

Lothar schien zu Beginn richtig nett und umgänglich, am Telefon zumindest.
Als ich ihn dann besuchte, um alles Weitere zu besprechen, eröffnete er mir zuerst, dass er zehn Jahre lang eine Putzfrau hatte, der er stets vertraute.

»Wieso haben Sie sich denn dann von ihr getrennt, wenn ich fragen darf?«

Er ging dann sofort zum Du über.
»Weißt du, Justyna, sie hat einfach nicht gut genug geputzt …«

Er hatte also zehn Jahre lang dieselbe Putzfrau, obwohl er mit ihrer Arbeit nicht zufrieden war? Das kam mir dann doch etwas seltsam vor.

»Aber sie war stets freundlich, und sie hat einen fairen Stundenlohn genommen. Neun Euro. Das würde ich übrigens auch dir zahlen.«

Mein Stundenlohn lag etwas über dem von ihm erwähnten Betrag.

»Für neun Euro werde ich leider nicht putzen können ...«

So verhandelten wir ungefähr zehn Minuten über ungefähr einen Euro und kamen dann überein. Also begann ich, bei ihm zu arbeiten. Ausgemacht wurden drei Stunden pro Woche ohne Bügeln, denn mehr hätte sein »Budget gesprengt«.

Was verdienen Geschäftsführer so im Monat? Fünfhundert Euro?

Ich war montags bei ihm, und nahezu jedes Mal war er am Abend zuvor von einem Wochenendtrip mit einer seiner Freundinnen zurückgekommen. Mit haufenweise neuen Markenklamotten, die fein drapiert in seinem Ankleidezimmer ausgestellt wurden. Anzüge, Jacken, Hosen, Krawatten, die ganze Bandbreite an feinster Herrenmode. Der Inhalt seines Kleiderschrankes allein hätte für zwei Mittelklassewagen gereicht.

Plötzlich hingen dann auf einmal jeden Montagmorgen Zettelchen im Schlafzimmer, mit der Bitte, »ausnahmsweise mal diese beiden Hemden zu bügeln«. Natürlich kam ich seiner Aufforderung nach und putzte extra zügig, um die drei Stunden Arbeit nicht zu überziehen. Doch aus den zwei Hemden wurden das nächste Mal drei Hemden und ein T-Shirt, das übernächste Mal vier Hemden und zwei T-Shirts und eine Hose etc. Irgendwann konnte ich einfach nicht mehr die vereinbarte Arbeitszeit von drei Stunden einhalten und benötigte dreieinhalb bis vier. Als ich ihm dann nach den ersten vier Wochen am Monatsende meinen Stundenzettel im Haus hinterließ, rief er mich abends an.

»Hallo, Justyna, hier spricht Lothar. Du, ich habe mit Schrecken festgestellt, dass du mir zu viel berechnet hast. Wir hatten doch drei Stunden ausgemacht.«

»Hallo, Lothar. Ich weiß, aber da war ja auch noch nicht von Bügelwäsche die Rede. Und beim ersten Mal konnte ich trotz der beiden Hemden noch die Zeit einhalten. Aber dann hast du mir immer mehr gegeben ...«

»Das ist richtig, aber da musst du dann abwägen, welche Putzarbeiten du an anderer Stelle vernachlässigen kannst. Also sieh bitte zu, dass du in Zukunft keine Minute länger bleibst als drei Stunden.«

»Gut, und woher soll ich wissen, welche Bereiche deines Hauses nicht so dringend geputzt werden müssen?«

»Du, da vertraue ich dir als Fachfrau einfach mal so. Das schaffst du. Hauptsache, es ist so sauber, dass ich jeden Montagabend noch eine Dinnerparty für zwanzig Leute schmeißen könnte. Also ciao, ciao«, und süffisant lachend, legte er auf.

Auch ich legte mein Handy beiseite. Jedoch weniger lachend als vielmehr kopfschüttelnd. Wäre er nicht eine Empfehlung von Mr. Chaos gewesen, dem ich sehr verbunden war, hätte ich wahrscheinlich noch etwas an seine letzte Antwort angefügt. Aber vielleicht war das an diesem Tag ja nur ein einmaliger Vorfall, und vielleicht gäbe es in Zukunft auch nichts weiter zu bügeln.

Doch da lag ich falsch. Die Bügelwäsche schien immer mehr zu werden, und ich war gezwungen, einen anfänglichen Rundgang im Haus zu machen, um dann zu entscheiden, was ich an diesem Tag vernachlässigen konnte. Das alles setzte mich nicht nur unter Druck, sondern stahl mir auch die ohnehin sehr knapp bemessene Zeit, die mir zum Putzen eines ganzen Hauses zur Verfügung stand. Es stresste mich regelrecht.

Und es kam noch schlimmer. Ich wurde von Lothar zweimal schriftlich »abgemahnt«. Die Zettel, die ich beide Male auf dem Esstisch vorfand, hatten tatsächlich »Abmahnung« zur Überschrift.

Folgendes Verbrechen hatte ich beim ersten Mal begangen: Ich hatte allen Ernstes gewagt, die Flasche seines Kiehl's-Shampoos auf dem Badewannenrand nicht nahe genug an die Ducharmatur zurückzustellen, nachdem ich dort geputzt hatte. Lothar hätte sie aber immer gerne »rechts vom Temperaturregler, maximal eine halbe Handbreite entfernt«. Außerdem hatte ich mir erlaubt, die Flasche mit der beschrifteten Seite Richtung Wand zu drehen. Auch das »ginge nicht«. Er bat mich am Schluss der Abmahnung, es in Zukunft besser zu machen, und versah das Ende seines Strafmandats mit einem dämlichen Smiley.

Wahrscheinlich machte man das bei ihm in der Management-Etage seines Unternehmens, um harsche Kritik ein wenig menschlicher erscheinen zu lassen …

Nur eine Woche später bekam ich den nächsten Blauen Brief. »Abmahnung – die Zweite« stand in roten Lettern darüber. Diesmal legte er mir Folgendes zur Last: Die überlangen Designervorhänge in seinem Wohn- und Schlafzimmer würden, nachdem ich den Parkettboden gewischt hatte, nicht schön drapiert auf dem Holz aufliegen. Ich sollte beim Drapieren darauf achten, »die Unterkanten einzurollen, ohne es zu gewollt erscheinen zu lassen«.
Alleine um zu verstehen, was genau er von mir wollte, brauchte ich mehrere Minuten.

Spätestens an dieser Stelle hätte ich Lothar um ein klärendes Gespräch gebeten, aber ich hatte nach wie vor Hemmungen wegen Mr. Chaos. Da ich also keinen anderen Ausweg sah und um einer mehrjährigen Gefängnisstrafe als verurteilte Ästhetikmörderin im Haushalt zu entgehen, klügelte ich ein Putzsystem für Lothar aus. Ich nannte es das Pedanten-Fünf-Schritte-System.
Hierbei ging ich folgendermaßen vor:

Schritt I
Analyse des Bügelwäschehaufens inklusive Zeiteinschätzung

Schritt II
Hausbegehung, um festzulegen, welche Bereiche putztechnisch zu vernachlässigen sind, damit Bügelzeit kompensiert werden kann

Schritt III
Fotografieren von Badewannenarmatur und Vorhangzustand, um nach dem Putzen eins zu eins die morgendlich vorgefundene Situation nachzustellen

Schritt IV
Bügeln und Putzen

Schritt V
Anhand des Fotos auf meinem Handy Shampoo und Duschgel zurück auf den Badewannenrand stellen und die Unterkanten der Vorhänge auf dem Parkett so drapieren, wie ich sie vor dem Bodenwischen vorgefunden hatte.

Mit meiner speziell auf Lothar zugeschnittenen Putzstrategie schien ich erfolgreich zu sein. Vorerst. Denn als ich nach weiteren vier Wochen die dritte Abmahnung auf dem Esstisch liegend vorfand, nahm ich mein Handy und schickte Mr. Chaos eine SMS:

»Hi, Mr. Chaos, wie sehr hängst du an deinem Freund Lothar?«

Mr. Chaos: »Wieso? Hast du sein Haus abgefackelt?«

Ich: »Nein, aber noch eine weitere Abmahnung, und ich überlege mir das mal …«

Mr. Chaos: »Abmahnung? Hä? Ruf mich heute Abend mal an. Bin gerade im Meeting.«

Nachdem ich ihm abends die Situation geschildert hatte, versicherte er mir, dass ich wegen ihm nicht bei Lothar bleiben müsste. Er wäre auch kein Freund, sondern ein Geschäftskollege. Und wenn Lothar deswegen mit ihm brechen würde, könne er das auch noch verkraften …

Erleichtert griff ich zu meinem Handy und rief Lothar an:

»Hallo, Lothar, hier spricht Justyna. Ich habe heute die Abmahnung bekommen.«

»Hallo, Justyna, ja, Mensch, das tut mir leid, aber du musst das verstehen, ich hänge an meinem Perserteppich. Und du saugst den meines Erachtens mit viel zu viel Druck. Die Staubsaugerabdrücke waren am Abend ganz klar zu erkennen. Weißt du, denk dir einfach, der Perser wäre ein Tier, das du streichelst …«

»Du, Lothar, kein Problem. Ich bin sicher, du findest eine Putzfrau, die deinen Perserteppich streicheln kann. Ich denke, ich bin deinen Ansprüchen nicht gewachsen, daher höre ich lieber auf.«

»Ach, das ist doch jetzt doof. Justyna, komm, jetzt sei doch nicht beleidigt …«

»Bin ich nicht, Lothar, keine Sorge. Mir geht es richtig gut. Und ich habe durch deine konstruktiven Abmahnungen 'ne Menge gelernt. Also, alles Gute und ciao, ciao.«
Wäre mein letzter Satz eine SMS gewesen, ich hätte ihm noch ein Smiley dahintergesetzt.

Ich denke, es war die Unterstützung von Mr. Chaos und sein damit verbundener Freibrief, Lothar entgegenzutreten. Ich hatte in diesem Moment Rückenwind. Sonst wäre ich verbal nicht so schlagfertig gewesen.

Ich war froh, meinen Fünf-Schritte-Putzplan nicht mehr anwenden zu müssen.

Alles Gute, Lothar …

Justyna auf dem Bau

Als meine Schwester während ihres Studiums ihre Zwischenprüfungen hatte, war sie so mit Lernen beschäftigt, dass ich in dieser Zeit einige ihrer Stellen übernahm.

So putzte ich auch für ein paar Wochen bei Otto. Otto war um die fünfzig, Single, arbeitssuchend und zeichnete sich durch drei gravierende Mängel aus: keine Klamotten, keine Unterwäsche und kein Geld.

Jedes Mal, wenn ich zu ihm kam, war er mit nichts bekleidet außer einem Bademantel, der gerade mal so geschlossen war, dass die untere Hälfte seines Körpers bedeckt war. Seine spärlich behaarte Brust jedoch war zur Hälfte freigelegt, und Unterwäsche trug er definitiv auch nicht. Das sich abzeichnende Gemächt war Beweis genug. An meinem ersten Tag bei ihm war ich, nachdem er die Tür öffnete, so überrascht, dass ich ihn sofort fragte, ob ich zu früh dran sei und noch mal um den Block gehen solle, damit er sich anziehen könne. Er winkte lachend ab und sagte, er liebe es, in »Freizeitklamotten« herumzulaufen, wenn er freihabe. Dass er 365 Tage im Jahr Urlaub hatte, wusste ich zu diesem Zeitpunkt noch nicht.

In einem unbeobachteten Zeitpunkt griff ich, nachdem ich meine Hausschuhe in der Küche angezogen hatte, zum Handy und schickte meiner Schwester eine SMS:

»Ist Otto immer halb nackt? Will der mich anmachen? Soll ich lieber gehen?«

Ihre Antwort kam prompt:

»Keine Sorge, der ist total harmlos. Läuft immer im Bademantel herum. Hat er dir schon die Baustelle gezeigt? LOL«

Dann kam Otto in die Küche, in der er mich kurz einweisen wollte, daher hatte ich keine Chance mehr, zu fragen, was das mit der Baustelle auf sich hatte.

Alles in allem war die Wohnung sehr ärmlich. Alles wirkte irgendwie improvisiert. Eine Mischung aus Sperrmüll und IKEA aus den achtziger Jahren. Aber ich wollte nicht vorschnell urteilen. Ich hatte nämlich außer dem Flur und der Küche noch nichts vom Rest der Wohnung zu sehen bekommen. Alle Türen, die vom Flur aus in die anderen Räume führten, waren geschlossen. Otto nahm sich seine Tasse Kaffee, die auf dem Küchentisch stand.

»Willst du auch einen?«

Wenigstens hatte er Manieren, abgesehen von seiner eigenen Frottee-Peepshow, die keiner sehen wollte.

»Nein, vielen Dank. Also, Otto, was möchtest du denn alles in deiner Wohnung geputzt haben?«

»Ach, ich denke, das mit Putzen können wir erst mal hinten anstellen …«

Ich hatte es geahnt. Wieso hatte meine Schwester mir nicht gesagt, dass er nur auf das eine aus war? Dann hätte ich mir die Fahrt zu ihm gleich gespart.

117

Gerade wollte ich ansetzen und ihm sagen, dass ich keine Nutte sei, als er fortfuhr:

»… denn ich bräuchte deine handwerkliche Hilfe.«

Ich war gleichermaßen erleichtert und verdutzt.

»Handwerkliche Hilfe?«

»Ja, ach, komm einfach mal mit!«

Also folgte ich ihm raus aus der Küche, quer über den Flur bis zur letzten Tür, hinten links. Als er sie öffnete und wir in den großen Raum eintraten, ich denke, es handelte sich um sein Wohnzimmer, war mir klar, warum ich heute nicht putzen sollte. Das Zimmer war komplett leer. Das, worauf ich stand, fühlte sich zwar an wie ein Teppichboden, aber man konnte weder die Beschaffenheit noch die Farbe ausmachen, da alles notdürftig mit Plastikplanen abgedeckt war. Die Wände sahen grauenvoll aus. Ein ungefähr zwei mal drei Meter großer, dunkler Fleck bedeckte die Hauptwand an der rechten Seite. Ich tippte auf einen Wasserschaden katastrophalen Ausmaßes und lag mit meiner Vermutung richtig. Die restlichen Seiten waren gespickt mit vergilbten Tapetenresten, die teilweise in Fetzen bis zum Boden herunterhingen. Unwillkürlich begann ich, mich an Armen und Kopf zu kratzen, so eklig war mir diese Umgebung.

»Also, das hier ist mein Wohnzimmer. Ich dachte mir, ›Otto, hier muss mal frischer Wind rein‹, und da das Sozialamt mir für die Renovierung und für neue Möbel keinen Zuschuss geben wollte, mache ich es eben alleine.«

Ganz alleine wohl auch wieder nicht, dachte ich mir.

»Und was soll ich hier tun?«, fragte ich mal ganz naiv.

»Na ja, ich dachte, wir machen das Zimmer wieder schön …«

»Aber das ist eigentlich nicht mein Job. Und ich habe auch keine Erfahrung mit so was.«

»Ach bitte, Justyna, hilf mir. Deine Schwester hat das auch getan. Und ich habe doch sonst niemanden.«

Das, was er sagte, klang aufrichtig. Er schien wirklich niemanden zu haben. Irgendwie hatte ich Mitleid mit ihm. Das Leben und die Gesellschaft hatten es offensichtlich nicht gut mit ihm gemeint. Und mehr als einen Fingernagel würde ich mir dabei auch nicht abbrechen. Zumal es ja auch nur für ein paar Wochen war …

»Also gut. Was soll ich tun?«

Und so begannen wir unsere Renovierungsarbeiten. Zu Beginn sollte ich ihm einfach die alte Leiter halten, auf der er stand, um am oberen Ende des Wasserflecks an der Wand die Farbe abzukratzen und sie dann trockenzulegen.

Das klingt einfach, sagte ich mir und fixierte das verrostete Monstrum mit meinen Händen, auf dem er nun hochstieg. Doch da gab es ein Problem. Er stand nun genau über mir … Den Ausblick kann man sich bestimmt vorstellen …
Lange hielt ich das nicht aus. Dann sagte ich:

119

»Otto, ich bin leichter als du. Und es ist ja auch pure Zeitver-schwendung, wenn ich nichts anderes machen kann, als die Leiter zu halten. Lass mich doch da raufsteigen und die Farbe abspachteln, und du machst dich schon mal an die Tapeten-reste.«

Und das machten wir dann auch.

Die drei Stunden an meinem ersten Tag vergingen wie im Flu-ge. Und irgendwie gefiel mir die »Arbeit am Bau«. Es war mal was anderes und schön zu sehen, dass schon nach einem Tag eine Verbesserung sichtbar war. Und so verbrachte ich die kommenden drei Male damit, Wände trockenzulegen, zu ta-pezieren und zuletzt Plastikstuck an der Decke anzukleben.

Aus dem ursprünglich total vergammelten Raum zauberten wir ein feines Jugendstilwohnzimmer. Und Otto entpuppte sich als wirklich charmanter, wenn auch etwas durchgeknall-ter Zeitgenosse.
An meinem letzten Tag, meine Schwester hatte all ihre Prü-fungen nahezu hinter sich, und das Wohnzimmer erstrahlte in neuem Glanz, fragte ich ihn, wo er denn seine Möbel unterge-stellt hätte, die hier hineingehörten.

Er schwieg eine Weile und druckste dann komisch herum. Das machte mich stutzig.

»Na ja, die Möbel, ach, ich weiß nicht genau, ob ich hier über-haupt viel haben möchte …«

»Was ist denn mit den alten Möbeln passiert, die hier drin waren?«

»Die alten Möbel? Ja, die, die habe ich verkauft …«

Nun wurde mir einiges klar. Ich verstand, dass er seine alten Möbel entweder verschrotten musste, weil sie so uralt oder unbrauchbar geworden waren, oder er musste sie wirklich verkaufen, weil er das Geld brauchte, um Schulden zu bezahlen. Meine Schwester nämlich hatte mir in der Zwischenzeit erzählt, dass immer mehr Möbel aus der Wohnung verschwunden waren, seit sie bei ihm vor zwei Jahren angefangen hatte zu putzen. Manche von ihnen waren anscheinend wirklich hochwertige, antike Stücke gewesen. Er musste in großer finanzieller Not sein, um sich von solch kostbaren Möbeln zu trennen, die sicherlich auch alle eine Erinnerung an bessere Zeiten waren.

Und nun hatte Otto zwar für wenig Geld ein neues Wohnzimmer, aber kein Geld, um es mit einer Couch oder Ähnlichem auszuschmücken.

Was ihm wohl alles widerfahren sein mochte, fragte ich mich. Aber ich wollte ihn nicht darauf ansprechen. Er hatte seinen Stolz. Der sich vielleicht auch darin widerspiegelte, dass er sich trotz Armut eine Putzfrau leistete. Das mochte für ihn etwas mit Würde zu tun haben.

Aber all das waren nur Mutmaßungen. Denn wir hatten in den letzten vier Wochen zwar zwölf gemeinsame Stunden verlebt, in denen er stets freundlich und gesprächig war. In die Tiefe gehen und mich an seiner wahren Geschichte teilhaben lassen, das wollte er aber nicht. Und ich respektierte seinen Selbstschutz.

Ich kam mir fast schon schlecht vor, als ich ihm, bevor ich mich endgültig verabschiedete, meinen Stundenzettel vorlegte.

Ohne mit der Wimper zu zucken, gab er mir mein Geld.

»Vielen Dank, Otto, und alles Gute.«

»Danke, Justyna. Für deine Hilfe und für deine Gesellschaft.«

Und so trennten sich die Wege von Otto, dem notorischen Bademantelträger, und mir …

Die Geldeintreiberin

Ich war bereits vier Jahre in Deutschland, da beschloss auch meine Mutter, in die Bundesrepublik zu ziehen. Wirtschaftlich war es in meinem Heimatland einfach schwer, über die Runden zu kommen. Es war schmerzhaft zu sehen, dass diese Entwicklung auch meine Eltern nicht verschonte.

Mein Vater blieb in Polen, wo er heute noch lebt. Er hat einen guten Beruf und verdient dort mehr, als er hier verdienen würde. Nicht aber meine Mutter. Und da meine Eltern auf zwei Einkommen angewiesen sind, folgte sie mir hierher. Sie sind aber nach wie vor ein Paar und versuchen sich so oft zu sehen, wie es ihre Zeit und ihr Budget erlauben.

Um ihr den beruflichen Einstieg als Reinigungskraft in Deutschland zu erleichtern, vermittelte ich meiner Mutter Treppenhäuser mehrerer Mietshäuser in Offenbach, die allesamt einer Frau gehörten.
Ihr Name war Agnes von D. Ich werde diesen Namen nie vergessen. Denn er passte zu der Person wie die Faust aufs Auge. Frau von D. war eine Adelige, wie sie im Buche steht. Eine ältere Dame, von der alten, sehr alten Schule. Eine, die die Sonne mied und immer noch mit Handschuhen herumlief, um ihre zarten Hände nicht zu sehr zu strapazieren. Sie war Ende siebzig und verwitwet.
Und trotz ihrer altmodischen und elitären Art war sie immer freundlich und fair.

Frau von D. wollte niemanden schwarz für sich arbeiten lassen, daher bestand sie darauf, meine Mutter anzustellen und ihr Gehalt zu überweisen. Ich war froh, meine Mutter mehr oder weniger abgesichert zu wissen. Doch an der ganzen Sache war natürlich auch wieder ein Haken. Weder ich noch meine Mutter hatten zu diesem Zeitpunkt ein deutsches Konto. Daher hatten wir die Idee, das Gehalt meiner Mutter auf das Konto einer polnischen Kollegin überweisen zu lassen, die ich zu diesem Zeitpunkt bereits seit zwei Jahren kannte und die mir äußerst vertrauenswürdig erschien. Außerdem hatte sie von sich aus ihre Hilfe (und ihr Konto) angeboten.

Oder hätte mich das schon stutzig machen sollen …?

So verging der erste Monat. Und meine Mutter rief die Kollegin am Dritten des Folgemonats an, um mit ihr die Geldübergabe zu vereinbaren.

»Tut mir leid. Das Geld ist noch nicht auf meinem Konto.«

Meine Mutter, bescheiden und damals noch zu sehr von der neuen Umgebung eingeschüchtert, ließ es zunächst darauf beruhen. Und um mich nicht zu sehr damit zu belasten, informierte sie mich auch nicht, dass sie noch kein Geld erhalten hatte.

So vergingen einige Wochen. Ich war in dem Glauben, meine Mutter hätte bereits ihr erstes Gehalt bekommen. Dann, eines Abends, telefonierte ich mit meinem Vater in Polen. Er sagte zu mir:

»Weißt du, deine Mutter hat Hemmungen, sich bei der Frau mit den Treppenhäusern zu beschweren, aber die hat immer noch kein Geld überwiesen. Und dich wollte Mama damit auch nicht belästigen.«

Nach dem Gespräch mit meinem Vater war ich wütend. Zum einen darüber, dass die adelige Dame meine Mutter ausnutzte. Sie war das wahrscheinlich schwächste Glied in ihrem Mitarbeiterstab. Weil sie eben »nur« bei ihr putzte und ihr Deutsch auch nicht so gut war, als dass sie ernsthaft eine Diskussion mit Frau von D. hätte beginnen können. Zum anderen war ich aber auch auf meine Mutter sauer, weil sie sich nicht zur Wehr setzte. Und mir nichts von der ganzen Geschichte erzählt hatte.

Also übernahm ich die Initiative, ohne ihr etwas zu sagen, und rief bei der Dame an. Sie war sehr nett zu mir und ehrlich erstaunt, dass meine Mutter das Geld noch nicht hatte. Sie hatte es nämlich bereits drei Wochen zuvor pünktlich überwiesen. Sie könne mir auch den Kontoauszug zeigen, fügte sie hinzu. Ich bestand nicht darauf, denn ich hatte mittlerweile einen anderen Verdacht … Daher entschuldigte ich mich für die Störung, bat Frau von D., meiner Mutter nichts davon zu erzählen, und beendete das Gespräch.

Wie es der Zufall wollte, wusste ich, dass die polnische Kollegin heute ihren freien Tag hatte, und da ich nicht weit von ihr entfernt war, fuhr ich zu ihr, um ihr einen Überraschungsbesuch abzustatten.

Es war wie im Film.

Als ich vor ihrer Haustür im Treppenhaus stand, hörte ich von drinnen ihre Stimme und eine andere, wahrscheinlich die ihres Mannes. Dann, nachdem ich geklingelt hatte, verstummten die Stimmen, und es herrschte Totenstille. Ich bildete mir ein, einen Schatten hinter dem Türspion zu sehen.

Zuerst war es nämlich hell, dann wurde es hinter der kleinen Linse dunkel, was bedeutete, dass jemand durchspähte, um zu sehen, wer da draußen war. Nach ein paar Sekunden wurde es wieder heller hinter der Linse. Ich klingelte noch einmal. Aber nichts tat sich. Dann platzte mir der Kragen, und ich klopfte mit der Faust energisch an die Tür.

»Hallo, ich bin's, Justyna. Ich weiß, dass ihr da seid.«

Nach weiteren dreißig Sekunden öffnete sich endlich die Tür einen Spaltbreit, und ich erkannte das Gesicht von Lydia. Das war übrigens ihr Name. Sie tat überrascht und lächelte mich verkrampft an.

»Justyna, so eine Überraschung, ich war im Badezimmer und habe dich nicht gehört.«

Ich nahm mir zunächst vor, ruhig und besonnen vorzugehen, um sie nicht zu verärgern. Schließlich hatte ich nichts gegen sie in der Hand. Es gab natürlich keinen schriftlichen Vertrag oder so etwas. Und ein Rechtsstreit wäre uns teurer gekommen als das unterschlagene Gehalt meiner Mutter. Daher lächelte ich zurück und sagte:

»Hallo, Lydia, entschuldige, dass ich einfach so vorbeischaue, wo du doch heute deinen freien Tag hast.«

Ihre Unsicherheit legte sich ein wenig.

»Das macht nichts. Allerdings habe ich jetzt gar keine Zeit für dich. Ich kann dich nicht einmal hereinbitten, denn ich muss gleich los und mich noch schnell fertig machen.«

»Keine Sorge. Das, was ich auf dem Herzen habe, dauert nicht lange.«

»Um was geht es denn?«

Als wenn sie das nicht wüsste …

»Es geht um das Gehalt meiner Mutter. Sie sagte mir, das wäre auf deinem Konto nie angekommen.«

»Das stimmt.«

»Hm, komisch, ich habe hier die Kopie des Kontoauszuges der Vermieterin dabei, und da steht schwarz auf weiß eine Überweisung auf dein Konto drauf. Vor über drei Wochen.«

Ich hielt ein kleingefaltetes Stück Papier in der Hand. Dass es sich dabei um den Reklamebrief einer Privatbank handelte, der an diesem Morgen als Masseneinwurf auch in meinem Briefkasten gelandet war, hatte Lydia in diesem Moment natürlich nicht zu interessieren.

»Ja, das ist komisch. Aber dann ist das Geld wahrscheinlich verlorengegangen. Du weißt ja, das kann schon mal passieren.«

»Du hast recht, das kann passieren. Nun, ich wollte nur noch mal sichergehen, dass du es wirklich nicht bekommen hast, bevor ich gleich zur Polizei gehe. Denn ich werde deine Bank und die Bank der Vermieterin anzeigen, wegen Diebstahls. Einer von beiden muss das Geld ja genommen haben. Den besten Beweis halte ich ja hier in der Hand, den Kontoauszug von Frau von D. Die Polizei wird sich dann wahrscheinlich bei dir melden. Die brauchen bestimmt deine Aussage.«

Meine spontan erfundene Geschichte klang so lächerlich, dass ich mich innerlich schon in Grund und Boden schämte. Aber ich hoffte trotzdem, Lydia damit überrumpelt und entsprechend verunsichert zu haben. Ich kenne niemanden, vor allem keine meiner polnischen Landsleute, die gerne in Polizeiangelegenheiten hineingezogen werden. Kann man eine Bank überhaupt wegen Diebstahls anzeigen?
Egal, Justyna, jetzt nur keine Unsicherheit zeigen …

Lydia sah mich eine Weile wortlos an. Wahrscheinlich hoffte sie, in meinen Augen irgendeinen Anflug von Unsicherheit zu erkennen. Etwas, das ihr bestätigte, dass ich bluffen würde. Doch ich blieb emotionslos vor ihr stehen und hielt ihrem Blick stand.

»Gut, bevor du zur Polizei gehst, lass mich doch kurz mal bei meiner Bank vorbeischauen. Vielleicht haben die das Geld ja irgendwo gefunden.«

»Das wäre sehr, sehr nett von dir, Lydia. Sagst du mir dann heute noch Bescheid?«

»Das tue ich. Hab noch einen schönen …«

Mehr war schon nicht mehr zu hören, denn sie hatte bereits die Tür zugeschlagen. Erleichtert, aber immer noch mit weichen Knien, ging ich die Treppen hinunter und verließ das Haus.

Eine Stunde später erreichte mich folgende SMS:

»Hallo, Justyna, die Bank hat das Geld gefunden. Ich habe es in einem Umschlag bei mir. Deine Mutter kann es sich heute Abend ab achtzehn Uhr abholen. Gruß, Lydia.«

Sogleich rief ich meine Mutter an und berichtete ihr von dem Erfolg. Sie war sehr erleichtert und versprach mir, künftig ehrlicher zu mir zu sein, wenn so etwas noch mal passieren sollte.

Das Geld holte sie sich an dem gleichen Abend bei Lydia ab. Noch an diesem Tag fanden wir jemand anderen, der sich bereit erklärte, sein Konto zur Verfügung zu stellen. Und von da an ging alles reibungslos über die Bühne, bis meine Mutter schließlich ein eigenes Konto eröffnete.

Zwischenspiel –
Skurriles aus der Welt einer
polnischen Putzfrau, die ein wenig
Berühmtheit erlangt hat

Fragen eines Journalisten während eines Telefoninterviews für eine Illustrierte:

»Justyna, wie oft kommt es denn vor, dass man als Putzfrau sexuell belästigt wird?«

»Das ist mir so gut wie nie passiert. Ein- oder zweimal, aber dann bin ich sofort gegangen.«

»Und haben Ihnen Männer auch mal Geld geboten?«

»Ja, aber dann habe ich sofort die Flucht ergriffen.«

»Haben Sie nicht vielleicht doch das ein oder andere Mal das Geld genommen und …?«

»Natürlich nicht. Ich bin ja keine Prostituierte.«

»Ach, mir können Sie das ruhig sagen …«

»Nein.«

»Nein, Sie sagen es mir nicht, oder nein, Sie haben nicht?«

»Nein zu beidem. Einen schönen Tag noch.«

»Aber das Interview ist doch noch gar nicht zu E…«

Oh doch, es ist so was von zu Ende …

***

Ein Bekannter vor ein paar Wochen:

»Sag mal, nach dem Erfolg mit dem Buch: Bist du jetzt Millionärin?«

»Ja, das bin ich. Zehnfache. Und ich putze weiterhin vierzig Stunden die Woche, nur weil es mir so Spaß macht.«

Mein Mentalcoach hat mir geraten, trotz meines unendlichen Reichtums nach wie vor einer geregelten Tätigkeit nachzugehen …

***

Fragt mich ein älterer Herr, während ich bei ihm putze:

»Justyna, haben Sie denn schon die Autorin von dem Harry-Potter-Zauberbub kennengelernt? Können Sie mir ein Autogramm für meine Enkelin besorgen?«

Na klar, ich jette mal kurz in meinem Privatflieger rüber zu ihr nach England. Aber erst muss ich mich noch von Václav Havel verabschieden. Der ist gerade zum Kaffee da.

***

Vor ein paar Monaten half ich meiner Schwester, die mit einer Grippe im Bett lag, und putzte an diesem Tag ausnahmsweise bei einer ihrer Kundinnen. Wir kamen ins Gespräch. Dann sagte sie:

»Kennen Sie das Buch von dieser Putzfrau? Das ist richtig gut. Die schreibt ehrlich und ohne Umschweife. So was gefällt mir! Soll ich Ihnen das mal leihen? Das können Sie dann ja Ihrer Schwester zurückgeben.«

Ich grinste in mich hinein und antwortete:

»Vielen Dank, aber das habe ich mir auch schon gekauft. Ich finde es nicht schlecht. Und es ist immer interessant zu erfahren, wie es Kolleginnen ergeht …«

***

Eine Freundin fragte mich neulich:

»Justyna, jetzt, wo du so reich bist, kannst du uns nicht ein Darlehen geben? Wir wollen uns ein Haus kaufen, und die Banken sind nicht bereit, das ohne Eigenkapital zu finanzieren. Wir dachten so an zweihunderttausend Euro …«

»Ich würde euch gerne helfen, aber wenn ich so viel Geld hätte, was ich wahrscheinlich in meinem ganzen Leben nie besitzen werde, würde ich zuerst mir mal ein Haus bauen und dann meinen Eltern …«

»Ach so, ja. Schade.«

»Tut mir leid. Aber ich kann deinen Kaffee zahlen, wenn du möchtest …«

»Justyna Bank« – die Bank, der Menschen vertrauen.

***

Eine Kundin beschwert sich bei mir über all die Rechnungen, die jeden Tag bei ihr ins Haus flattern:

»Jeder will nur Geld von mir. Es ist zum Kotzen. Eigentlich könntest du doch auch mal ein paar Wochen umsonst hier putzen.«

»Wieso sollte ich das?«

»Na, wegen dem Buch un' so …«

»Das kann ich mir leider nicht leisten, tut mir leid.«

»Echt? Aber da hast du doch bestimmt 'ne Menge Kohle verdient, oder?«

»Über Geld spreche ich nicht.«

»Ja, ja, schon gut.«

Fünf Minuten später:

»War auch nur ein Spaß …«

Ja, total witzig, meine Liebe. Ich brech ab vor Lachen …

***

Ein Redakteur einer Illustrierten am Telefon zu mir:

»Justyna, wir haben uns ’ne ganz tolle Story ausgedacht. So was wie ›Vom polnischen Babystrich zur erfolgreichen Autorin‹. Wie finden Sie das?«

»Nicht gut. Weil es gelogen wäre. In meinem ganzen Leben würde ich mich nie prostituieren.«

»Aber die Leute wollen das lesen. Das ist ’ne richtige Erfolgsstory. Glauben Sie mir, ich kenne mich aus. Und dann machen wir so ein paar freizügige Fotos …«

»Ich ziehe mich vor der Kamera nicht aus.«

»Ach, kommen Sie. Das käme super an …«

Und mein nächstes Buch heißt dann »Wischmop und Titten«, oder wie?

**

Ein pensionierter Lehrer, bei dem ich alle zwei Wochen putze, sagte neulich zu mir:

»Ich habe auch ein Buch geschrieben.«

»Ach ja? Wovon handelt es denn?«

»Na ja, von meinem Leben als Lehrer eben. Amüsante, kleine Anekdoten.«

»Toll, sagen Sie mir, wie es heißt? Dann kauf ich es mir.«

»Na ja, ich habe es zwar geschrieben, aber hatte noch keine Zeit, einen guten Verlag zu finden …«

»Ach so …«

»Aber ich denke, Ihr Verlag ist geeignet dafür. Wissen Sie, ich möchte ja nicht bei Hinz und Kunz veröffentlicht werden. Das muss dann schon Hand und Fuß haben.«

Nach einer Weile:

»Also, könnten Sie denen mal mein Manuskript geben? Und ein gutes Wort für mich einlegen? Die sollen das mal veröffentlichen.«

Die Staubsaugerbeutelaffäre ODER Misery lässt grüßen

Vor ein paar Jahren bekam ich Frau Strothmann-Kampicky vermittelt. Verwitwete Oberstudienrätin, die am Gymnansium Latein und Physik unterrichtete. Ich schätze, sie war damals Ende fünfzig. Aber sie wirkte durch ihr biederes Aussehen eher wie eine rüstige Mittsiebzigerin. Eine Lehrerin der alten Schule, wie man sie sich vorstellt. Graue Haare, die zu einem strengen Knoten zusammengebunden waren. Und graue Kleidung. Sprichwörtlich grau in grau – vom Scheitel bis zur Sohle. Sie schien alles Weltliche zu verachten. Schminke, Körperbetontes oder Farben jeglicher Art waren für sie offensichtlich überbewertet und total unnötig.

Gleich als sie mir beim ersten Mal die Tür ihrer großzügigen Altbauwohnung öffnete, lief mir ein kalter Schauer über den Rücken. Sie bereitete mir Unbehagen.

»Sie müssen Fräulein Justyna sein. Strothmann-Kampicky, angenehm. Dann kommen Sie mal rein. Ziehen Sie bitte Ihre Schuhe aus und stellen Sie sie auf die Ablagematte hier.«

Instinktiv wollte ich schon salutieren, konnte mich aber dann gerade noch selber davon abhalten.

Bereits nach einer Minute bereute ich es, meine Schuhe ausgezogen zu haben. Denn ich stand auf einem Teppich, obwohl die Wohnung überall mit Parkett ausgelegt war.

Dieser Teppich war aber kein gewöhnlicher. Er bestand aus Hundehaaren. Als ich das Tierhaarinferno registrierte, kamen sie auch schon auf mich zugestürzt. Nachdem die Lehrerin die Tür zu einem der vielen Zimmer geöffnet hatte, die die Wohnung hatte, kamen mir drei Schäferhunde entgegen. Ich erschrak zunächst, weil ich auf Hunde, und dann gleich drei, einfach nicht vorbereitet war. Aber SK (ich kürze der Einfachheit halber ab) beruhigte mich:

»Keine Sorge, junge Frau, meine drei *Männer* sind bestens erzogen. Bellen nicht, beißen nicht. Na ja, zumindest, wenn sie keine Gefahr wittern. Das sind Wotan, Siegfried und Siegmund.«

Sie klärte mich darüber auf, dass die Namen allesamt Figuren aus Wagners *Ring des Nibelungen* seien. Sie selbst sei eine begeisterte Verehrerin von Wagner.

»Welche ist Ihre Lieblingsoper?«

Die Art, wie sie mich fragte, mit ihren zugekniffenen Augen und den hochgezogenen Brauen, die unverzüglich eine Antwort zu erwarten schienen, gab mir das Gefühl, in diesem Augenblick gerade an der Tafel zu stehen und eine mündliche Prüfung ablegen zu müssen.
Dabei hatte ich die Schule doch schon lange hinter mir.

»Äh, ich weiß nicht. *Carmen?*«

»Es geht um Wagner, junge Dame, Wagner …«, dabei lächelte sie mich sadistisch an. Irgendwie machte SK mir Angst.

Ich grübelte. *Denk nach, Justyna. Denk nach ...*

Zaghaft stotterte ich ihr ein *Der fliegende Holländer?* entgegen und hoffte, mich gerade nicht blamiert zu haben.

»Na, also. Ja, das ist auch einer meiner Favoriten.«

Puh, Glück gehabt. Ich lag richtig. Der fliegende Holländer war also von Wagner ... Ich hatte die Oper zwar nie gesehen, aber die Verbindung von Wagner und dem Holländer hatte ich irgendwie noch im Gedächtnis. Nun hoffte ich, dass wir das kulturelle Gespräch abgehakt hatten und uns nun dem eigentlichen Grund meines Besuches widmen konnten. Als ich gerade im Begriff war, unsere Unterhaltung in die entsprechende Richtung zu drehen, kam sie mir zuvor:

»Also, nun zu Ihrer Tätigkeit. Das sind meine Bedingungen: Sie bekommen zehn Euro die Stunde und keinen Cent mehr ...«

Ich nickte brav und ließ sie weiterreden.

»... ich werde Sie nicht anstellen, daher verlange ich Stillschweigen über unsere Art der Zusammenarbeit. Ist das für Sie akzeptabel?«

»Ja«, erwiderte ich.

Hatte ich denn eine andere Wahl, als wieder einmal schwarz bei jemandem zu putzen?
Damals zumindest hatte ich sie nicht.

»Wie viele Stunden brauchen Sie mich denn pro Woche ...?«

»Nicht so schnell«, unterbrach sie mich, »ich bin noch nicht fertig mit meiner Einweisung.«

Oh Gott, das würde mühsam werden, dachte ich mir. Ich hoffte jedoch, dass sie, weil ich vormittags bei ihr putzen würde, dann in der Schule sei. Wo aber wären dann ihre drei bepelzten *Männer*?

»Aber, Justyna, um Ihre Frage vorzuziehen: Ich brauche Sie für genau drei Stunden. Nicht mehr und nicht weniger. Seien Sie bitte pünktlich um sieben Uhr dreißig anwesend, denn ich verlasse das Haus immer um sieben Uhr fünfunddreißig. Später kann ich Ihnen keinen Einlass mehr gewähren, und Sie stünden somit vor verschlossenen Türen.«

Ich wollte Sie gar nicht erst nach einem Schlüssel fragen. Wahrscheinlich hätte ich ihr dafür erst einmal ein polizeiliches Führungszeugnis vorlegen müssen. Also nickte ich erneut und ließ sie fortfahren.

»Meine drei Männer sperre ich, wenn ich in der Schule bin, ins Hundezimmer da hinten links«, sie deutete auf die vorletzte Tür am Ende des Korridors, »bitte öffnen Sie unter keinen Umständen diese Tür.«

»Soll ich da drin nicht einmal saugen? Ich meine wegen der Hundehaare.«

»Nein. Und vom Gebrauch des Staubsaugers bitte ich ohnehin abzusehen. Dafür gibt es immer noch den guten alten Besen …«

»Sie meinen, Sie haben keinen Staubsauger?«

»Das sagte ich nicht. Ich habe sogar einen sehr hochwertigen. Aber ich ziehe es vor, wenn Sie fegen, nicht saugen.«

Nun wurde es mir dann doch zu bunt.

»Entschuldigen Sie, aber ich verstehe nicht, warum ich nicht den Staubsauger benutzen darf. Allein schon der Flur hier ist voller Hundehaare. Und wenn ich nur mit dem Besen arbeite und danach alles aufkehren muss, nimmt das sehr viel Zeit in Anspruch. Und bei einer Fünf-Zimmer-Wohnung wie Ihrer sind drei Stunden eh schon knapp bemessen.«

Ich bemühte mich, während des Sprechens selbstbewusst und energisch zu bleiben. Ich hatte das Gefühl, dass man SK nur entgegentreten konnte, wenn man so wenig Schwäche wie möglich zeigte.

»Junge Dame, haben Sie eine Ahnung, wie teuer Staubsauger- beutel sind?«

Was? Also daher wehte der Wind. Bei SK herrschte Zucht und Ordnung. Auch in ihrem Portemonnaie …

»Also an den Staubsaugerbeuteln soll es nicht scheitern. Ich spendiere gerne eine Packung. Denn sie erleichtern mir die Arbeit ungemein.«

»Wenn Sie auch künftig bei den Beuteln in Eigenleistung ge- hen, stimme ich in diesem Fall der Nutzung meines Staub- saugers zu.«

Wie gnädig, dachte ich mir.

»Ach, und noch etwas: Unter keinen Umständen putzen Sie in meinem Arbeitszimmer. Das ist die Tür hinter dem Wohnzimmer. Haben Sie das verstanden?«

»Ja«, erwiderte ich.

»Und alle anderen Anweisungen, die ich Ihnen gegeben habe, auch?«

»Das habe ich«, betonte ich mit Nachdruck.

»Gut, dann steht einer erfolgreichen Zusammenarbeit ja nun nichts mehr im Wege …«

Zusammenarbeit? Es versprach mehr eine Art Zwangsarbeit unter strenger Kontrolle zu werden.
Na, ob ich das alles nicht sehr bald bereuen würde, dachte ich mir, während ich nach meiner *Unterweisung* die Wohnung von SK endlich wieder verlassen konnte.

Etwas Witziges passierte an diesem Abend. Mein Mann und ich waren zu Hause auf der Couch und sahen fern. Es lief *Misery.* Der Film, in dem die paranoide Krankenschwester den Bestsellerautor bei sich zu Hause gefangen hält und tyrannisiert, ihm am Ende sogar nach dem Leben trachtet.
Vom ersten Augenblick an, als ich Kathy Bates, die Darstellerin, sah, dachte ich sofort an SK. Sie hatten zwar keine große äußere Ähnlichkeit miteinander, aber vom Wesen her glichen sich beide auf erschreckende Weise – zumindest empfand ich das so.

Prompt fing ich beim Gedanken an das nächste Aufeinandertreffen mit ihr an zu frösteln. Besann mich dann aber
wieder auf den Film und folgte gebannt der Handlung. Ich
fühlte so sehr mit James Caan mit, dem Hauptdarsteller. Vor
meinem geistigen Auge sah ich mich im Arbeitszimmer von
SK mit gefesselten Armen und Beinen auf einem mit Stachel-
draht überzogenen Stuhl sitzen. Wotan, Siegmund und Siegfried standen um mich herum und knurrten mich mit blutun-
terlaufenen Augen an, während SK mich mit ihrem Staubsau-
gerschlauch bedrohte.

*Das ist alles nur in deinem Kopf, Justyna, das ist alles nur in
deinem Kopf ...*

Dann kam der Tag, an dem ich zum ersten Mal bei SK zum
Dienst antreten musste. Ich wollte auf keinen Fall bei ihr in
Ungnade fallen, wollte alles besonders gut machen und vor
allem nicht zu spät kommen. Gleichzeitig ärgerte ich mich
über die Tatsache, auf diese Stelle angewiesen zu sein. Und
wäre am liebsten wieder auf halber Strecke umgekehrt. Der
Gedanke aber, dass ich dort unbeobachtet und ohne ihre Anwesenheit arbeiten könnte, tröstete mich.

So stand ich ein paar Minuten später, um sieben Uhr neun-
undzwanzig, vor ihrer Haustür und klingelte. Sie öffnete die
Tür und, ich traute meinen Augen nicht, schenkte mir sogar
den Hauch eines Lächelns.

»Guten Morgen, Justyna.«

»Guten Morgen, wie geht es Ihnen?«

»Schlechten Menschen geht es immer gut.«

Wie? Humor hatte sie jetzt auf einmal auch?

Ich reagierte auf ihren Kommentar mit einem aufgesetzten Lächeln und betrat die Wohnung. Nachdem sie mir noch kurz gezeigt hatte, wo die Putzutensilien und ihre heilige Kuh, der Staubsauger, waren, verließ sie mit ihrer Aktentasche unter dem Arm die Wohnung.

»Dann bis nächste Woche, Justyna. Seien Sie fleißig und flink.«

Fleißig und flink? Wer bin ich? Aschenputtel?

Fehlte noch, dass sie irgendwo in der Wohnung Linsen auf dem Boden verteilt hatte, mit dem Befehl, *die guten ins Töpfchen und die schlechten ins Kröpfchen* zu legen …

Also machte ich mich an die Arbeit. Obwohl die Wohnung viele Fenster hatte und draußen die Sonne schien, hatte SK es geschafft, durch die Auswahl ihrer altmodischen Tapeten, der schweren, dunkelbraunen Vorhänge und der braun-schwarzen Farbkombination ihrer Möbel ihrem Zuhause jegliche Helligkeit zu nehmen.
Die Wohnung schien mir zu sein wie sie selbst.
Dunkel. Bedrohlich. Traurig. Ohne Freude am Leben.
Vielleicht tue ich ihr unrecht. Aber das war damals der Eindruck, den ich von ihr hatte.

Ebenfalls in Erinnerung blieb mir das Schnaufen und Schnüffeln der drei Hunde, die ich an diesem Tag zwar nicht zu Gesicht bekam, weil sie ja in ihrem Hunde- beziehungsweise in ihrem Männerzimmer eingesperrt waren. Jedoch witterten sie mich natürlich und versuchten stets, unter dem Türspalt mit ihren Nasen mehr von mir zu erschnüffeln. Obwohl uns massives Eichenholz in Form einer Tür voneinander trennte, kam ich mir beobachtet vor. Von Wotan, Siegmund und Siegfried.

Ich schüttelte sämtliche Vorbehalte und mein Unbehagen ab und saugte, putzte, schrubbte und bügelte um mein Leben. Da alles in dieser Wohnung akkurat an seinem Platz zu sein schien, hatte ich so gut wie nichts auf- oder wegzuräumen. Selbst ihr Frühstücksgeschirr hatte SK bereits eigenhändig gespült und zum Trocknen auf die Abtropfvorrichtung gestellt.

Und da ich Hunde- und Arbeitszimmer nicht betreten durfte, fielen diese beiden Räume ja auch weg. So kam es, dass ich nach zwei Stunden und vierzig Minuten mit allem fertig war. Ich wollte aber auf jeden Fall die drei Stunden vollmachen. Und einfach vorzeitig zu gehen, das hätte ich auf keinen Fall gemacht. Ich traute SK zu, irgendwo eine heimliche Kamera installiert zu haben, die mich überwacht. Außerdem war sie, so wie der Herr Doktor aus dem ersten Buch, aller Wahrscheinlichkeit nach die Sorte Mensch, die mich nach der Minute abrechnen würde.

Also überlegte ich, was ich noch machen konnte. Und, wie es eben so ist mit Verboten: Untersagt man Menschen Dinge, werden diese erst so richtig interessant. Zugegebenermaßen war das auch eine meiner Schwächen. Es reizte mich zu sehen, was sich wohl hinter der Tür des geheimen Arbeitszimmers verbarg. War es am Ende so eingerichtet, wie ich es in meiner

Misery-Vision vor mir sah? Eine Folterkammer? Mit Werkzeugen und einer Streckbank? Oder gar ein Dominastudio? War sie vielleicht nachts als so eine tätig?

Meine Aufregung wuchs, und mein Herzschlag nahm zu, je näher ich der Tür kam.

Mach kurz auf, schau kurz rein, und das war's dann, dachte ich mir.

Langsam ergriff ich mit meiner zitternden Hand die Klinke und öffnete wie in Zeitlupe die Tür. Bevor ich einen Blick in das Zimmer werfen konnte, registrierte ich das energische Quietschen der Türangeln. Zaghaft steckte ich den Kopf durch den Spalt …

Und das, was ich sah – enttäuschte mich. Keine Leichenteile in Einmachgläsern. Keine Waffenschränke. Es war, was es war.

Ein stinknormales Arbeitszimmer.

In demselben langweilig spießigen Stil eingerichtet, mit den gleichen lebensverneinenden Farben. Ein Schreibtisch mit Schreibtischstuhl. Ein Bücherregal. Und ein Fenster mit den überall in der Wohnung vorhandenen, dunklen Vorhängen.

Wo war nun das große Geheimnis, das ich hier witterte? Warum veranstaltete SK so einen Wirbel um ihr Arbeitszimmer? Und vor allem: Warum sollte ich hier nicht putzen? Alles war, wie sonst überall auch, akkurat an seinem Platz. Ich würde also keine Unordnung machen.

Ich beschloss, mich über ihre Anweisung hinwegzusetzen. Am Ende würde ich ihr vielleicht sogar eine Freude machen. Ich ging in diesem Moment davon aus, dass sie auf die Reinigung des Arbeitszimmers verzichtete, weil sie Angst hatte, ich könnte dann die Vorgabe von drei Stunden nicht einhalten. Darum wollte ich sie überraschen und eines Besseren belehren. Ich nahm den Staubsauger zur Hand und begann, im Arbeitszimmer den Boden von Staubmäusen und Hundehaaren zu befreien.

Wenn Wotan, Siegmund und Siegfried hier rumtollen durften, dann würde sie wohl ja nichts dagegen haben können, wenn ich wenigstens mal kurz durchsauge.

Mit diesen Gedanken im Kopf und dem Lärm des Staubsaugers im Ohr bemerkte ich nicht, dass SK im Türrahmen auf der Schwelle zu ihrem Arbeitszimmer stand und mich beobachtete. Ich war davon ausgegangen, dass sie an diesem Tag länger unterrichten musste. Ein fataler Irrtum.

Als ich sie sah, erschreckte ich mich so sehr, dass ich fast hintenübergefallen wäre. Sämtliches Blut sackte aus meinem Kopf in die untere Hälfte meines Körpers. Mir wurde schwindlig. Sie sah mich nur an. Aber ihr Kinn bebte.

In Erwartung des Schlimmsten stellte ich den Staubsauger aus.

»Hallo, Sie haben mich vielleicht erschreckt. Ich habe Sie gar nicht nach Hause kommen gehört.«

Sie ging in keiner Weise auf meine Bemerkung ein, sondern begann mit ihrem verbalen, atomaren Erstschlag:

»WAS HATTE ICH IHNEN ZU DIESEM ZIMMER GE-SAGT?«

»Entschuldigen Sie, aber ich dachte, ich könnte ...«

»ANTWORTEN SIE GEFÄLLIGST. WAS HABE ICH IH-NEN ZU DIESEM ZIMMER GESAGT?«

Sie brüllte so laut, dass das Geräusch eines Schlagbohrers neben ihr untergegangen wäre.

»Sie sagten, dass ich hier nicht putzen soll.«

Ich war erstaunt, dass meine Stimme immer noch so resolut klang. Das machte mich in diesem Moment witzigerweise stolz auf mich selbst. Es überraschte mich. Und machte mir klar, wie absurd diese Situation war und dass mich niemand so blöd anreden durfte.

»GENAU. DAS SAGTE ICH. WAS FÜR EINE UNVER-FRORENE, DUMME PERSON SIND SIE EIGENTLICH?«

Okay, das war's dann. Solange sie die Form wahrte, war das ja alles noch irgendwie furchteinflößend. Aber spätestens, seit sie mich eine dumme Person nannte, ging mein Respekt flöten. Und vor mir stand eine alte, verbitterte Frau, die ihren Lebensfrust nun an mir auslassen wollte.

Ich blieb ganz ruhig und erwiderte:

»Gnädige Frau, Sie haben einen an der Klatsche. Sie hätten besser Soldatin oder Feldwebel werden sollen. Auf jeden Fall bin ich nicht eine Ihrer Schülerinnen, die Sie so anreden können. Suchen Sie sich eine neue Putzfrau. Und am besten einen Psychiater.«

Ich verließ den Raum, lief quasi durch sie hindurch in den Korridor und zog meine Schuhe und Jacke an. Sie drehte sich um und sagte in einem deutlich ruhigeren, aber immer noch feindseligen Ton:

»Das wird ein Nachspiel für Sie haben.«

Ich konnte nur noch lachen.

»Ach ja? Dann viel Spaß beim Nachspiel. Und übrigens: Die Staubsaugerbeutel können Sie behalten. Schenke ich Ihnen.«

Mit diesem Satz öffnete ich die Haustür und entwich in die Freiheit.

Ich denke noch oft an SK und diesen Tag, frage mich noch heute:

Ging es ihr ums Prinzip, oder war in diesem Zimmer wirklich eine Leiche versteckt, die ich übersehen hatte?
Heute denke ich: Sie ist der Typ Mensch, der sich ein Leben lang minderwertig und nicht ernst genommen fühlte. Von Familie, Freunden, Kollegen und Schülern. Und sich vermeintlich schwache Gegenspieler aussucht, um diese zu unterdrücken, gar zu brechen und dadurch Genugtuung zu erfahren. Sie sucht sich Menschen oder Tiere, um ihren Schmerz und Frust weiterzugeben. Gegenspieler wie Wotan, Siegmund, Siegfried. Und polnische Putzfrauen. Aber da hatte sie die

Rechnung ohne mich gemacht. Auch wenn der finanzielle Verlust schmerzlich für mich war, ich hatte mir einmal geschworen, mir selber und meinen Prinzipien immer treu zu bleiben.

Und an diesen Schwur werde ich mich immer halten …

Zwischenspiel –
Justyna und der VIP

Ein weiterer Höhepunkt während meiner Tour durch die europäischen Fernsehstudios war mein Auftritt in einer sehr bekannten und beliebten Morgenshow bei einem der größten deutschen Privatsender mit Sitz in Berlin …

Nicht nur, weil ich selber die Sendung sehe, wenn es meine Zeit erlaubt. Sondern auch, weil ich an diesem Morgen nicht der einzige Gast war. Einer meiner »Kollegen« an diesem Tag war ein von mir sehr geschätzter Schauspieler und Comedian. Die Presse spricht von ihm als TV- und Kinostar.

Ein Star beziehungsweise ein Stern – das ist er auf jeden Fall auch für mich.

Umso aufgeregter war ich, als ich erfuhr, dass wir beide zusammen unter den »prominenten Talkgästen« sein würden. Prominent nämlich fühlte ich mich weder zu diesem Zeitpunkt noch heute. Und neben ihm schon zehnmal nicht.

Ich war bereits ein Fan von ihm, als ich damals nach Deutschland kam. Ich sage nur »Brisko Schneider« …

Wie mochte er wohl sein im echten Leben?
Würde er mich herzlich begrüßen oder lediglich dulden? Mich gar ignorieren?
Ich war auf alles gefasst. Meine Neugier auf ihn verdrängte

150

komplett meine Nervosität und das damit verbundene Lampenfieber wegen meines bevorstehenden Auftritts.

Bereits in der Maske trafen wir uns zum ersten Mal. Es war sechs Uhr morgens, und ich wurde wieder einmal bis zur gefühlten Unkenntlichkeit verfremdet. Die Perücke und das Make-up trugen einen Hauptteil zu meiner Tarnung bei. Dann betrat er den Raum. Er sagte zunächst einmal ein nettes »Hallo« in die Menge. Dann kam er auf mich zu. Auf mich! Ich saß in meinem Schminkstuhl und sprang sofort auf.

»Bitte, bitte! Bleib doch sitzen. Hallo. Freut mich, dich kennenzulernen. Du hast also dieses Buch geschrieben …«

»Ja, das habe ich. Ich bin Justyna. Es freut mich noch viel mehr …«

Und so begann ein lockerer Dialog. Er war mir auf Anhieb sympathisch. Er hatte etwas derart Natürliches und Ungekünsteltes an sich, das mich faszinierte. Und war dabei trotzdem so witzig wie im Fernsehen oder auf der Kinoleinwand.

Als wir beide fertiggeschminkt waren, wurden wir in den Aufenthaltsraum geführt, in dem der Sender bereits ein tolles Frühstücksbuffet aufgebaut hatte. Also bedienten wir uns reichlich, und ich erstickte meine nun leicht aufkeimende Spannung mit Kaffee, Brötchen und Obstsalat. Wir beide saßen dort, genossen das Frühstück und plauderten angeregt. Er tat mir sehr gut. Meine kurzzeitig aufgetretene Nervosität war nun wieder gänzlich verflogen.

In dieser ausgelassenen Stimmung wurden wir irgendwann ins Studio gebeten. Die Sendung fing gleich an. Und ich war so leicht und beschwingt.

Während der gesamten Live-Show hatten wir eine Menge Spaß, plauderten locker mit den Moderatoren und miteinander, auch wenn die Kameras nicht auf uns gerichtet waren. Ich genoss diese Minuten sehr. Und fühlte mich von ihm ernst genommen. Er behandelte mich wie eine ebenbürtige Kollegin. Es war einfach toll. Auch das gesamte Team der Morgenshow schien bester Laune. Und das spiegelte sich auch in der Live-Sendung wider. Es war eine sehr schöne Erfahrung.

Vielleicht klingt diese Episode nicht besonders spektakulär. Aber dass jemand, der es nicht nötig hat, mich behandelt wie seinesgleichen, sich für mich interessiert und für meine Geschichte, das berührt mich. Und ja, ich fühle mich geehrt.

Nach der Sendung tauschten wir noch Nummern aus. Vielleicht rufe ich ihn nachher mal an …

Die Einwegputzfrau

Es ist allgemein bekannt, dass wir in einer Wegwerfgesellschaft leben. Heutzutage hat Erfolg, was schnelllebig ist. Produkte und Innovationen scheinen morgen kopiert und übermorgen bereits überholt. Besonders, wenn sie recycelbar sind, trennt man sich gerne und schnell von praktischen Dingen des Alltags. Weil dann ohnehin etwas Besseres auf den Markt kommt.

Das gilt offenbar genauso für Handys, Laptops und Kameras wie für Putzfrauen …

Denn auch ich habe diese Konsumentwicklung am eigenen Körper zu spüren bekommen.
Gut ein Jahr, bevor *Unter deutschen Betten* auf den Markt kam, fing ich bei den Jansens an zu putzen. Eine gutsituierte Akademikerfamilie. Herr und Frau Jansen waren beide Rechtsanwälte und arbeiteten jeweils für international operierende Kanzleien in Frankfurt. Sie hatten zwei Kinder im Teenageralter, die auf eine teure Privatschule gingen. Zu Beginn schien alles perfekt.

Ich hatte mit Frau Jansen ausgemacht, dass ich mittwochs vormittags drei Stunden bei ihnen putzen würde – ohne Bügeln. Und damals noch auf ihren Wunsch hin unangemeldet. Mittwoch war mir besonders recht, weil ich im Anschluss daran bei der Nachbarin eine Putzstelle hatte. Daher konnte ich nahtlos weiterarbeiten.

Die ersten drei Male klappten wie am Schnürchen. Frau Jansen ließ mich mittwochs morgens ins Haus, dann verließ sie selbiges und machte sich auf den Weg in ihre Kanzlei. Da lag auch schon der Lohn für meine Arbeit auf dem Küchentisch.

»Nächsten Mittwoch? Gleiche Zeit?«, war ihre Standardfrage, bevor sie das Haus Richtung Arbeit verließ.

»Aber klar. Eine tolle Woche noch für Sie und ein schönes Wochenende. Bis Mittwoch!«, lautete meine Standardantwort darauf.

Dass sie mir beim dritten Mal nur einen »schönen Tag und alles Gute« wünschte, hätte mir zu denken geben können.

Denn in der darauffolgenden Woche war Frau Jansen sichtlich erstaunt, mich am Mittwoch wieder auf der Türschwelle zu ihrem Haus vorzufinden.

»Ja, Justyna, das ist ja eine Überraschung. Was machen Sie denn hier?«

Ich dachte, sie machte einen Scherz, und schaute sie an in Erwartung eines »Kommen Sie rein, das war nur ein Witz«. Doch auf diese Bemerkung wartete ich vergebens. Ich war wirklich verblüfft.

»Ich verstehe nicht ganz, heute ist doch Mittwoch, oder?«

Ich weiß nicht, ob sie nur so tat, aber zumindest schien sie nicht die Bohne zu kapieren, was ich bei oder von ihr wollte.

»Ja. Und …?«

»Ich putze bei Ihnen mittwochs. Seit drei Wochen!«

»Ja, weil wir dringend mal wieder eine Grundreinigung nötig hatten. Aber das heißt ja nicht, dass Sie nun fest bei uns arbeiten. Da haben Sie etwas falsch verstanden. Außerdem hatten wir letztes Mal ja auch keinen weiteren Termin mehr ausgemacht.«

»Heißt das, Sie kündigen mir?«

»Nein, das heißt es nicht, denn kündigen kann ich ja nur jemandem, der regelmäßig oder fest bei mir arbeitet.«

»Und dreimal hintereinander putzen fällt bei Ihnen noch nicht unter Regelmäßigkeit?«

»Nein, ganz gewiss nicht. Justyna, ich brauche Sie nicht mehr.«

»Das hätten Sie mir aber auch ein wenig eher sagen können, finden Sie nicht?«

»Nein, das finde ich nicht. Überhaupt bin ich Ihnen keinerlei Rechenschaft schuldig. Es tut mir leid, dass Sie das alles falsch interpretiert haben. Aber wie gesagt, ich habe keine Verwendung mehr für Sie.«

Damit war unser Gespräch beendet.

Wie ich dann später von ihrer Nachbarin erfuhr, bei der ich nach wie vor putze, brauchten die Jansens mich als Urlaubsvertretung. Denn was ich nicht wusste: Sie hatten ein Au-pair-Mädchen aus Chile, das bei ihnen wohnte und sich neben den Kindern auch um den Haushalt kümmerte. Sie war aber für vier Wochen in ihr Heimatland zurückgeflogen, um ihre Familie zu besuchen.

Dass ich mal nur vorübergehend bei jemandem putze, wäre ja auch durchaus möglich gewesen. Nur hatten die Jansens mit mir nie darüber geredet. Dass sie es nicht nötig hatten, mich über diesen Umstand aufzuklären, und ich an diesem Mittwoch an der Haustür abgespeist wurde wie eine Bettlerin oder eine Staubsaugervertreterin, das verletzte mich.

Jedes Mal, wenn ich zu Frau Jansens Nachbarin gehe, um dort zu putzen, sehe ich zum Haus hinüber, in dem ich ein nur kurzzeitiges Gastspiel hatte, und frage mich, wie es wohl der Frau aus Chile ergeht und ob sie noch dort lebt. Obwohl ich sie noch nie gesehen habe, empfinde ich irgendwie Mitgefühl für sie. Ist sie noch da? Oder auch schon ein Opfer unserer Wegwerfgesellschaft geworden …?!

Tiger, mein Tiger

Ich putze gerne bei Anna-Maria und ihren beiden Söhnen. Sie ist Ende vierzig und arbeitet als Journalistin bei einer hessischen Tageszeitung. Elias und Jonas sind Anfang beziehungsweise Mitte zwanzig und studieren beide.

Bei ihnen kann ich mich locker und unverkrampft geben. Da muss ich kein Blatt vor den Mund nehmen. Manchmal kommt es vor, dass alle zu Hause sind, wenn ich zum Putzen antrete. Dann entwickelt sich daraus meist ein richtig witziger Besuch. Vor allem Anna-Maria kann Geschichten erzählen, dass ich nicht vergessen darf zu atmen – vor lauter Lachen. Ich beneide sie für ihren Humor.

Alles wäre toll. Gäbe es da nicht einen Wermutstropfen.
Und der heißt Tiger.
Anna-Maria liebt Tiger. Auf ihn lässt sie nichts, aber auch gar nichts kommen.
Ich hingegen hasse ihn. Ich würde ihn am liebsten in einem unbeobachteten Moment mit einem Küchenmesser bearbeiten und vom Balkon ihrer Altbauwohnung ins Verderben stürzen. Er macht mir das Leben zur Hölle. Und das Arbeiten zu einer Qual.

Denn Tiger ist ein Staubsauger. Anna-Marias Staubsauger. Den sie über alles verehrt. Ihre ganz persönliche heilige Kuh. Meiner Meinung nach ist Tiger veraltet, viel zu schwer und leistungstechnisch ineffizient. Alleine schon, wenn ich ihn an-

157

schalte, macht er einen Lärm, als finge der Rhein-Main-Flughafen genau hinter der Gästetoilette an und ein Jumbo-Jet sei gerade dabei, im Treppenhaus zur Landung anzusetzen. Der Tiger brüllt.

Außerdem ist er wahnsinnig sperrig. Ihn hinter mir herzuziehen, wenn ich durch die Räume sauge, fühlt sich an, als führte ich ein Nilpferd an der Leine. Und an jeder unebenen Fliese und an jedem unebenen Stück Parkett bleibt er hängen, wie ein bockiger Hund, der sich weigert, auch nur noch einen Meter zu gehen.

Irgendwann suchte ich das Gespräch mit Anna-Maria und ließ mich über Tiger aus. Woraufhin sie ihre Tasse Tee abstellte, mir lächelnd ins Gesicht sah und sagte:

»Wer mit Tiger schimpft, schimpft mit mir ... Also, leg dich lieber nicht mit uns an!«

Wenn es um ihren viel zu großen und viel zu schlechten grünen Staubsauger ging, ließ Anna-Maria einfach nicht mit sich reden.

Aus dieser Problematik entwickelte sich zwischen uns beiden ein regelrechter Dauerwitz. Jedes Mal, wenn ich zum Putzen kam, verteilte ich an den verschiedensten Orten in der Wohnung Prospekte und Produktbeschreibungen unterschiedlicher Staubsaugerhersteller. Als Antwort darauf setzte sie Tiger, den Staubsauger, immer in den Wohnzimmersessel und schmückte ihn mit einzelnen Schnittblumen. Um mir zu signalisieren, Tiger sei ein Teil der Familie. Der seinen eigenen Thron hat. Die Söhne betrachteten unsere Herumblödelei stets mit einem kopfschüttelnden Grinsen. Wahrscheinlich kamen wir ihnen vor wie zwei alte, verrückte Weiber. Aber auch sie genossen das Schauspiel.

Es war zum Totlachen.

Als ich neulich erst mit Anna-Maria simste, fragte ich sie:

»Und lebt das grüne Monster immer noch?«

Darauf Anna-Maria:

»Ja, Tiger freut sich sehr auf dich! Aber sei lieb zu ihm, er hinkt ein bisschen ...«

Es war ihm ein Rad abgefallen.

Oh Tiger, mein Tiger ...

Die kleinen, aber feinen Unterschiede – ein deutsch-polnischer Vergleich

Die Sache mit den Manieren

Der Deutsche sagt, wir Polen klauen Autos, prügeln auf der Straße Leute zusammen, die eine andere Hautfarbe haben, und stürmen gewaltsam jede Schwulenparade.
Meinungsmache vom Übelsten – wie ich finde.
Nur weil ein paar schwarze Schafe, zwischen deren Ohren große Leere herrscht, Mist bauen, ist diese Idiotenminderheit noch lange nicht repräsentativ für die breite Bevölkerung meines Heimatlandes.

Was mir bei meinen Polenbesuchen immer wieder auffällt, ist, dass die Menschen einander noch wahrnehmen und aufeinander reagieren. Sei es auf der Straße, im Geschäft oder in der Straßenbahn. Ich hatte diesen Umstand zwar schon kurz einmal in *Unter deutschen Betten* erwähnt, jedoch handelt es sich hier um etwas, womit ich nach wie vor tagtäglich konfrontiert werde. Daher führe ich meine Gedanken hierzu noch ein weiteres Mal aus.

Wenn man nicht gerade in Warschau oder Krakau ist, sondern in einer etwas kleineren Stadt, grüßt man sich sogar noch, wenn man aneinander vorbeigeht – ohne sich jemals vorher getroffen zu haben.

Wenn jemand in einem engen Supermarktgang an einem dort stehenden Menschen vorbeiwill, hört man immer noch sehr oft ein »Verzeihen Sie, darf ich mal vorbei?«.

Und für den älteren Menschen, den Gehbehinderten oder die Frau im neunten Monat wird gerne der Platz frei gemacht im Bus, wenn alle anderen Sitzgelegenheiten besetzt sind.

Hatte man mit einem Fremden eine nette Unterhaltung, bedankt man sich meist noch für das Gespräch, bevor man sich verabschiedet.

Das empfinde ich als Achtung voreinander. Und manchmal, an meinen guten Tagen, versuche ich, es in Deutschland wieder einzuführen …

Die Sache mit den Traditionen

Traditionen werden natürlich auch in Deutschland gelebt. Doch meines Erachtens zu wenig gepflegt. Sie werden zweckentfremdet. Da ist es wieder, dieses Wort … Denn ich habe das Gefühl, dass hierzulande mittlerweile alles zu sehr mit Kommerz verknüpft wird. Die Vorweihnachtszeit beispielsweise, wenn man sich an den Auslagen in deutschen Supermärkten orientiert, beginnt demnach bereits im September. Spekulatius, Dominosteine und sogar Lebkuchen bei einer Außentemperatur von fünfundzwanzig Grad Celsius, das verlangt in unseren Breiten nach einer Menge abstraktem Denken. Und ab November beginnt dann die ultimative Geschenkekaufschlacht. Jeder im Handel erhältliche Artikel eignet sich dann plötzlich perfekt als Präsent unterm Weihnachtsbaum. Wanddübel, Zahnbürste und Porno-DVD liegen dann in den jeweiligen Verkaufsregalen als »Verkaufsempfehlung für die Bescherung am Heiligen Abend«.

Wir Polen, ich spreche in diesem Fall von den Katholiken, scheinen da mehr an den eigentlichen Traditionen zu hängen als weniger an der betäubenden Wirkung des Kaufrausches. Sonntags ist nun mal der Tag, um in die Kirche zu gehen, also gehen wir. Wenn sich ein Feiertag jährt, der ursprünglich eingeführt wurde, um in sich zu gehen und zu reflektieren, dann reflektieren wir.

Das kann man für veraltet halten. Ich halte es für beruhigend. Und ein wenig Ruhe und Abstand zu Krise, Stress und Keiferei tut uns doch allen gut, oder?

Die Sache mit der Rechnung

»Die Rechnung übernehme ich«, »Lass mal, ich mach das schon« oder »Das geht zusammen«. Diese Sätze hört man in Polen öfter als in Deutschland. Bei uns ist es Sitte, dass immer einer das Bezahlen im Restaurant, im Café oder in einer Bar übernimmt. Und der andere ist dann beim nächsten Mal dran. In Deutschland gibt es das anscheinend nur selten.

Mal ganz ehrlich: Wenn ich ein Mann wäre und würde das erste Mal mit einer schönen Frau essen oder nur einen Kaffee trinken gehen, dann würde ich doch auf jeden Fall die Rechnung übernehmen. Vielleicht ist in diesem Zusammenhang aber auch die Emanzipation in Polen noch nicht so weit fortgeschritten wie in Deutschland. Doch es würde dort nicht

passieren, dass man eine Rechnung von 5,70 Euro auseinander-
dividiert. Gerade nicht, wenn Er mit Ihr unterwegs ist. Außer,
die Frau ist Multimillionärin und der Mann ein Bettler.

In Deutschland wird grundsätzlich getrennt gezahlt. Daran
musste ich mich erst gewöhnen. Ich kenne deutsche Paare, die
seit Jahren zusammen, ja sogar verheiratet sind. Selbst unter-
einander zahlen diese Paare separat. Wenn man Tisch, Bett
und das Leben teilt, hört das Miteinander dann allen Ernstes
beim Milchkaffee auf?

Die Sache mit der Arbeitsmoral

Bei diesem Thema werde ich mir auf keinen Fall ein Urteil
anmaßen, wer besser ist, Polen oder Deutsche. Denn schließlich bin ich selber eine polnische Arbeitnehmerin, die bei
deutschen Arbeitgebern putzt. Und ich habe einige Deutsche
erlebt, die ihre Angestellten nicht gut behandeln. Aber noch
viele mehr, die faire und freundliche Chefs sind.

Ich erzähle lieber kurz von Lucas …

Lucas ist ein polnischer Bekannter von mir, der in Offenbach
lebt und als Handwerker arbeitet. Als Mr. Chaos letztes Jahr
seine Wohnung renovierte, brauchte er unter anderem jemanden, der sein Badezimmer umbaut. Und da Lucas gelernter
Sanitärhandwerker ist, vermittelte ich ihn an Mr. Chaos. Sie
trafen sich in der Wohnung und besprachen, was zu tun sei
und wie viel die Umbauarbeiten Mr. Chaos ungefähr kosten
würden. Nachdem alles abgemacht schien, kam Lucas zum
vereinbarten Termin zu Mr. Chaos. Er ließ Lucas in die Woh-

nung und verabschiedete sich, da er für die kommenden drei Tage beruflich auf Reisen sein würde. Lucas bekam einen Ersatzschlüssel und verabschiedete Mr. Chaos.

Auf halbem Wege zum Flughafen fiel Mr. Chaos auf, dass er wichtige Unterlagen zu Hause vergessen hatte. Notgedrungen kehrte er um und machte sich wieder auf den Heimweg. Als er dann ungefähr eine Stunde später wieder in seine Wohnung kam, fand er Lucas mit einem Kumpel auf dem Balkon in der Sonne sitzend vor. Beide genossen Mr. Chaos' einhundertfünfzig Jahre alten Whiskey.

Kann man daraus Schlüsse ziehen über die »Arbeitsmoral« einer Nation? Hätte dasselbe passieren können, wenn Lucas Deutscher gewesen wäre? Ich fühlte mich jedenfalls genötigt, mich für meine polnischen Landsleute zu entschuldigen. Mr. Chaos entgegnete dazu nur:

»Bei diesen Dingen kommt es dann doch eher auf den Charakter an als auf die Geburtsurkunde …«

Marie aus Belgien

Hochmut kommt vor dem Fall«,
»Hochmut zeugt von Kurzsichtigkeit«,
»Hochmut tut selten gut«.

So lauten sie, die Weisheiten zum Hochmut.

Ich habe für diese Verhaltensschwäche mein eigenes Sprichwort kreiert:

Irgendwann im Leben steht auch der Hochmütigste mit dem Rücken zur Wand.

Ich denke da besonders an Marie aus Belgien.
Die, die schon in *Unter deutschen Betten* ein eigenes Kapitel gewidmet bekam. Die mir schlimme Zeiten bereitet hat. Die mich verachtete, weil ich in ihren Augen minderwertig war.
Eine polnische Putze.
In Wahrheit aber sah sie sich selbst als minderwertig an – und unverstanden. Daher brüllte sie ohne Grund. Schikanierte mich, wann und wo sie konnte.

Von ihr, der Hochmütigen, gibt es Neues zu berichten:

Viele Jahre sind ins Land gezogen, seit ich Marie und ihrer Familie den Rücken gekehrt habe, um mich vor ihren negativen verbalen und physischen Attacken (einmal verfehlte einer ihrer Absätze mein Auge nur um ein paar Zentimeter) zu schützen. Die achtzig Euro meines noch ausstehenden Lohnes habe ich nie bekommen. Ich hatte auch keinen Nerv mehr, das Geld einzufordern, zu froh war ich, von ihr losgekommen zu sein.

Umso erstaunter war ich, als vor ein paar Monaten, ein gutes Jahrzehnt später, ein Brief von Marie bei mir eintrudelte. Auf der Rückseite des Umschlages stand nur »Marie O«. Ich wusste sofort, um wen es sich handelte. Ich war erstaunt, dass sie meine Adresse herausbekommen hatte, dann aber fiel mir ein, dass sie in der Zeit, als ich mich endgültig von ihr verabschiedete, in der Nähe meiner Schwester gewohnt hatte. Sie waren damals beide nur ein paar Häuser voneinander entfernt. Also vermutete ich, dass sie einander auf der Straße in die Arme gelaufen waren und Marie auf diese Weise an meine Adresse kam. Ein Anruf bei meiner Schwester bestätigte meine Theorie.

Als ich den Brief öffnete, erblickte ich neben einem mit Hand beschriebenen Blatt Papier einen Fetzen zusammengefaltete Alufolie. Sofort machte ich mich an die Arbeit und faltete die Alufolie auseinander. Der Inhalt fiel mir sprichwörtlich in den Schoß. Es handelte sich um einen Fünfzig-Euro-Schein, einen Zwanzig- und einen Zehn-Euro-Schein.
Achtzig Euro.
Mein restlicher Lohn, den Marie mir seit über zehn Jahren schuldig geblieben war.

Also machte ich mich ans Lesen ihres langen Briefes:

»Liebe Justyna,

ich hoffe, Du erinnerst Dich noch an mich? Marie aus Belgien? Ich zumindest habe Dich nicht vergessen. Vor allem nicht, dass ich Dir immer noch Geld schulde. Dieser Umstand tut mir sehr leid, und ich schäme mich dafür. Justyna, ich weiß: All die Dinge, die ich zu Dir gesagt habe, kann ich nicht mehr zurücknehmen. Ich erwarte auch nicht, dass Du im Nachhinein Verständnis für mein Verhalten aufbringst. Trotzdem möchte ich Dir erzählen, was damals alles in meinem Leben schiefgelaufen war. Dinge, die Du wahrscheinlich teilweise auch mitbekamst. Mein Mann hat mich unsere gesamte Ehe lang mit anderen Frauen betrogen. Er ließ mich und die beiden Jungs im Stich. War weder für die Kinder noch für mich da. Ich war so verletzt und verzweifelt. Und anstatt ihm klare Grenzen aufzuzeigen, habe ich meinen Frust an unschuldigen Menschen ausgelassen. An meinen Söhnen, an meinen Eltern und an Dir.

Dafür möchte ich mich aufrichtig entschuldigen. Nachdem ich von meinem Mann geschieden wurde, habe ich mich in Therapie begeben. Um meinen Schmerz und meine Enttäuschung zu verarbeiten. Erst dort wurde mir klar, wie ich die Erniedrigung, die ich erfahren hatte, eins zu eins weitergab. An Menschen, die rein gar nichts dafürkonnten ...

Du warst einer dieser Menschen.

Ich war widerlich zu Dir. Bitte nimm das Geld an und verzeih mir.

Übrigens: Ich bin neulich auf ein Buch gestoßen. Ein Bestseller, den eine polnische Putzfrau geschrieben hat, die im Rhein-Main-Gebiet lebt und arbeitet. Und eine Figur in diesem Buch hat verdammte Ähnlichkeit mit mir.

Verstehe mich nicht falsch. Ich mache Dir deswegen keine Vorwürfe. Das geschieht mir wohl ganz recht. Es war ein Schlag in die Magengrube, zu lesen, was für ein Aas diese Marie aus Belgien doch war. Der zweite Schlag folgte unmittelbar in dem Augenblick, als ich verstand, dass es sich dabei um mich handelt. Aber Du hattest recht, Dir das von der Seele zu schreiben. So haben wir beide auf unsere ganz individuelle Art und Weise unsere Vergangenheit verarbeitet.

Justyna, ich wollte mich auf diesem Weg von Dir verabschieden.
Ich habe nach all den Jahren wieder gelernt, einem Mann zu vertrauen. Er kommt aus Ägypten. Und er behandelt mich gut. Mit ihm gehe ich zurück in sein Heimatland. Meine Jungs bleiben bei ihrem Vater hier in Deutschland. Sie hatten die Möglichkeit, mit mir zu kommen und dort auf eine internationale Schule zu gehen. Sie haben sich gegen ein Leben in einer fremden Kultur entschieden. Und damit gegen ein Leben mit mir.
Ich habe lange mit mir gehadert, ob ich trotz all dieser Widrigkeiten einem zweiten Leben eine Chance geben sollte, ohne meine Kinder. Und mich schließlich dafür entschieden.

Nun habe ich wahrscheinlich schon viel zu viel geschrieben. Justyna, ich wünsche Dir für Deine Zukunft alles Gute.

Gruß,
Marie O.«

Unmittelbar als ich mit dem Lesen fertig war, verspürte ich den Wunsch, ihr kurz zu antworten. Ihr zu sagen, dass ich mich sehr über ihren Brief und ihre Ehrlichkeit gefreut hatte. Marie aber hatte keinen Absender hinterlassen. Weder auf dem Umschlag noch auf dem Brief an sich.
Sie wollte also nicht in einen Dialog treten, sondern sich verabschieden und gleichzeitig keine verbrannte Erde hinterlassen. Ein schöner Zug von ihr.

Marie war voller Hochmut. Sie war wohl einer der hochmütigsten Menschen, die ich jemals getroffen hatte. Und sie kam an einen Punkt, an dem sie mit dem Rücken an der Wand stand. Und einsah, dass es so nicht weitergehen konnte. Sie hatte den Willen, etwas gegen ihre Wut und ihre negativen Gefühle zu tun. Sie war sich dann nicht mehr zu fein dafür, Hilfe in Anspruch zu nehmen. So kann Versöhnung geschehen. Mit sich selbst und mit anderen.

Marie, ich freue mich, dass Du einen Neuanfang wagst – mit aller Ungewissheit, die ich zwischen Deinen Zeilen erahnen kann.

Und wünsche Dir auf diesem Weg ganz viel Glück!

Zwischenspiel –
Skurriles aus der Welt von
Justyna Polanska

Früher putzte ich für eine Weile bei einem Fotografen. Zumindest gab er sich selbst diese Berufsbezeichnung. Denn außer einer Fototasche, die im Flur neben seinen Schuhen stand, habe ich nie etwas von seinem Werkzeug gesehen. Außerdem war er immer anwesend, wenn ich zum Putzen kam. Viel Arbeit schien er nicht zu haben. Eines Tages fand folgender Dialog statt. In seiner Wohnung, zwischen ihm und mir. Ich wischte den Boden, als er zu mir sagte:

»Mann, Justyna, findest du nicht, dass du dein Talent vergeudest, wenn du bei fremden Leuten putzt?«

»Das kann man ja ändern. Gib mir einhunderttausend Euro oder kauf mir ein Kosmetikstudio, dann können wir drüber reden.«

»Das zwar nicht, aber ich hätte da eventuell etwas für dich.«

»Was denn?«

»Na ja, ’nen Model-Job.«

»Oh, das ist lieb von dir, du alter Charmeur.«

»Nein, ich meine das ernst.«

»Model?«

»Ja.«

»Aber bin ich dafür nicht ein paar Zentimeter zu klein?«

»Nein, du hast die perfekten Maße.«

»Warte, von welcher Art Model sprichst du denn?«

»Na ja, so ein bisschen freizügiger halt. Wir könnten tolle Bilder machen mit dir.«

»Du meinst, ich soll Nacktfotos von mir machen lassen?«

»Ja, so fast nackt. Du kannst dir ja 'nen schönen weißen Staubwedel vor ein paar Stellen halten …«

»Die Vorstellung von 'nem Putzlappen vor meinem Busen finde ich persönlich nicht so erotisch.«

»Du kannst ja auch was anderes nehmen oder dich einfach ganz natürlich geben.«

»Ganz natürlich heißt bei dir ganz nackt.«

»Ja.«

»Ich würde mich nie ausziehen. Nein.«

»Ach komm, überleg es dir doch wenigstens …«

»Danke für dein Angebot. Aber nein.«

»Na gut, wie du willst. Aber so was auszuschlagen ist nicht gerade schlau … Willst du denn dein Leben lang Putzfrau bleiben?«

»Wenn Nacktmodel die einzige Alternative für mich ist, dann bleibe ich definitiv lieber Putzfrau.«

Was bin ich doch für eine undankbare Person, die ihr eigenes Glück mit Füßen tritt …

***

Eine Kundin fragte mich, als ich zum ersten Mal zu ihr putzen kam:

»Justyna, wollen Sie sich erst einmal umziehen?«

»Nein, kein Problem, ich ziehe nur meine Hausschuhe an.«

»Sind Jeans und Top nicht zu eng? Stört Sie das nicht bei der Arbeit?«

»Nein, lieb, dass Sie sich sorgen, aber mein Outfit schränkt mich nicht ein.«

»Ach so. Aber wollen Sie sich vielleicht erst einmal abschminken?«

»Wieso sollte ich mich abschminken?«

»Na ja, sonst verläuft ja alles, wenn Sie schwitzen und so. Ich gehe ja auch immer ohne Make-up ins Fitnessstudio.«

»Also, solange ich nicht bei strömendem Regen in Ihrem Garten Bäume fällen oder einen Kuhstall ausmisten muss, bleibe ich mal geschminkt.«

»Na ja, Sie wissen bestimmt, was Sie tun.«

Soll ich putzen oder zwölf Runden gegen den Schwergewichtsweltmeister boxen?

***

»Justyna, ich muss jetzt los. Könnten Sie nachher meine Mutter in die Wohnung lassen? Sie möchte nur etwas für mich abgeben.«

»Ja klar, kein Problem. Ich putze noch bis zwölf Uhr, dann bin ich fertig.«

»Super, sie kommt spätestens um elf Uhr. Sie weiß, dass meine Aufwartefrau da ist.«

»Entschuldigung, *wer* ist da?«

»Na, Sie.«

»Und wie heißt das? Aufwasfüreinefrau?«

»Ja, kennen Sie diesen Ausdruck nicht? Aufwartefrau, Zugehfrau, Raumpflegerin. Alles das Gleiche.«

173

»Aha.«

Aufwartefrau? Sollte ich dann das Fräulein Mutter mit einem schwarzen Rock, einer weißen Schürze und einem gestärkten Häublein auf dem Kopf begrüßen? Ich muss dann wohl noch einmal kurz den Hofknicks üben …

***

»Na ja, Justyna, ich hätte schon gerne, dass Sie bei uns putzen. Aber mehr als einmal im Monat kann ich mir nicht leisten.«

»Das ginge für mich in Ordnung. Dann könnte ich an jedem ersten Samstag bei Ihnen putzen.«

»Ja, das ließe sich einrichten. Gut, dann bräuchte ich nun noch Ihre Referenzen.«

»Meine Referenzen?«

»Ja, Zeugnisse von Ihren bisherigen Arbeitgebern. Da werden Sie doch bestimmt was haben, oder?«

Na klar hab ich Referenzen: »Die Justyna putzt gut.«
So, jetzt ist alles gesagt, oder?

***

Sagt eine Kundin zu mir, während ich bei ihr bügle:

»Justyna, Sie sehen aber heute gar nicht gut aus. So blass.«

»Ach, ich habe nur eine leichte Erkältung. Das vergeht schon wieder. Bin nur noch ein bisschen schwach auf den Beinen.«

»Also wirklich, Sie muten sich zu viel zu. Sie müssen kürzertreten. Denn tot nützen Sie mir ja nichts. Ach ja, helfen Sie meinem Mann gleich bitte noch, die Waschmaschine aus dem Keller hochzutragen und auf die Straße zu stellen? Danke.«

Ohne Mist!

Es geht doch nichts über mitfühlende Arbeitgeber …

***

»Du, Justyna, ich tu mich immer voll freuen, wenn du bei uns bist.«

»Ich bin auch gerne bei euch, Paul.«

»Kannst du nicht noch öfter kommen? So jeden Tag?«

»Das wäre schön, aber leider muss ich auch noch bei anderen Leuten putzen, weißt du …«

»Schade.«

…

»Du, Justyna?«

»Ja?«

»Magst du mich heiraten?«

»Wenn ich nicht schon verheiratet wäre, würde ich das gerne tun, Paul.«

»Okay …«

»Da ist aber auch noch ein anderer Haken, Paul.«

»Welcher denn?«

»Du bist erst fünf.«

»Ach so, na vielleicht dann mal später.«

»Vielleicht …«

Nicht ganz sauber –
das kleine A–Z der Verrückten

Nach über einem Jahrzehnt in deutschen Haushalten, Bädern, Küchen, Wohnzimmern und Kellern sammelt man so seine Eindrücke. Und macht Erfahrungen mit den vielen verschiedenen Arbeitgebern, die unterschiedlicher und unvergesslicher nicht sein könnten. Vieles war schön, so manches musste ich »wegatmen«, und ein paar Dinge konnte ich schlicht und ergreifend nicht tolerieren. Grund genug für mich, an dieser Stelle einmal – anhand meiner Erfahrung mit Hunderten von Kunden – charakterliche Extreme zu definieren. Basierend auf wahren Begebenheiten mit Menschen, die meines Erachtens »nicht ganz sauber« waren … Hier also eine Kostprobe aus meinem Lexikon der verrückten Kunden. Es ist noch nicht ganz fertig, aber ich habe ja sicher noch ein paar gute Jahre, es zu komplettieren:

A wie Arrogant

Dünkel ist alles. Und Hochnäsigkeit kompensiert jeglichen anderen Makel. Das zumindest denken die Arroganten. Die, die ich in meinem Leben getroffen habe, definieren sich durch mich. Die Putzfrau. Denn mehr bin ich in ihren Augen ja nicht. Und sie stehen über mir. Dabei haben die besonders Arroganten meist weder ein abgeschlossenes Studium noch eine Eigentumswohnung, sondern nur ein erbärmlich kleines Ego.

Beispiel:
Sie am Telefon zu ihrer Freundin, während ich in ihrer Zwei-zimmerwohnung im achtzehnten Stock eines Hochhauses für die sozial über mir Stehenden putze:

»Nein, Schatz, das tut mir leid. Du kannst jetzt nicht zum Kaffee kommen. Meine Putzfrau ist gerade da. Was? Ja, ich frag sie mal. Judith? Äh, Olga?«

»Mein Name ist Justyna.«

»Wie auch immer. Wie lange brauchen Sie denn noch?«

»Eine Stunde ungefähr.«

»Schatz, bist du noch da? Ja, vor einer Stunde kann ich hier nicht weg. Ich lasse meine Putzfrau nicht alleine in meiner Wohnung. Man weiß ja nie …«

Denk an was Schönes, Justyna. Und atme ein und aus, und ein und aus …

D wie Dominant

Die Dominanten holen sich ihren Kick, indem sie vermeint-lich schwächere Individuen unterbuttern. Er oder sie sucht sich entweder einen unterwürfigen Partner, ein Haustier, das auf Kommando Männchen macht, oder eine polnische Aus-hilfskraft, die zu tun hat, was ihr gesagt wird.

Beispiel:

»Justyna, ich hatte Ihnen das doch schon oft gesagt: Ich möchte, dass Sie zuerst saugen und erst danach Staub wischen. Das können Sie doch nicht jedes Mal vergessen, oder?«

»Nein, ich erinnere mich. Aber wenn ich nach dem Saugen die Schränke und Regale abstaube, ist doch der Parkettboden wieder voll mit Staub, den ich dann anschließend wegsaugen muss. Also hab ich das erste Mal doch umsonst gesaugt.«

»Diskutieren Sie mit mir nicht. Ich habe schon geputzt, da waren Sie noch gar nicht auf der Welt. Ich wünsche, dass Sie es auf meine Art machen!«

Jawohl, meine Herrin. Verzeihen Sie meine Widerworte …

E wie Exhibitionistisch

Wenn mich heute noch das eine oder andere entblößte Geschlechtsteil schockieren würde, das ich immer wieder präsentiert bekomme, wenn ich in einem fremden Haushalt putze, wäre ich schon längst Kindergärtnerin oder Barista geworden. Dabei glaube ich nicht, dass jeder meiner FKK-süchtigen Kunden wirklich darauf aus ist, mich anzumachen oder zu schockieren. Vielmehr möchte der eine oder andere seine zwanglose Einstellung zur Natürlichkeit zum Ausdruck bringen – oder seinen Hass auf die textile Versklavung.

Beispiel:

»Guten Morgen, Justyna!«

»Guten Morgen, Klaus. Mal wieder keine Unterhose weit und breit?«

»Ach das. Sorry, ja, alle in der Wäsche. Kannst du nachher mal 'ne Trommel anschmeißen?«

»Kann ich, magst du dir vielleicht wenigstens deinen Bademantel anziehen?«

»Kann ich, wenn es dich so stört …«

Das tut es. Und nicht nur das. Deine Rubensmaße von 120 Kilo bei einer Größe von 1,67 Meter tragen auch nicht wirklich zur Steigerung meiner Libido bei.

F wie Feige

Im Leben gilt für mich: Klare Worte reinigen die Luft. Harmonie in allen Ehren, aber wenn es allzu verlogen hergeht, ist auch keinem geholfen. Man kann Dinge nur verbessern und Unstimmigkeiten aus der Welt schaffen, indem man miteinander kommuniziert.

Beispiel:

»Justyna, sind Sie schon fertig?«

»Ja, ich denke schon. Oder gibt es noch etwas, das ich für Sie tun kann?«

»Nein, es ist alles perfekt. Vielen Dank.«

»Super, dann bis nächste Woche, Herr Cremer!«

»Ja. Bis nächste Woche.«

Zehn Minuten erhalte ich folgende SMS:

»Justyna, hier ist Herr Cremer. Ich hatte noch vergessen, Ihnen zu sagen: Ich bin seit langem schon nicht mehr zufrieden mit Ihrer Arbeit. Ich fürchte, Sie sind für meine Ansprüche nicht geeignet. Ich denke, wir sollten uns an dieser Stelle trennen. Alles Gute für Sie.«

Ich sag nur: reden, reden, reden …

H wie Hormongeplagt

Anders als die Exhibitionisten gehen die von ihren Trieben gesteuerten Menschen subtiler vor. Denn sie stehen nicht nackt mit erigiertem Glied vor einem und hoffen auf ein positives Feedback. Sie gehen oft erst einmal verbal auf die Pirsch.

Beispiel:
»Justyna, können Sie heute mal die Pornokiste auswischen und neu sortieren?«

»Wie wollen Sie Ihre Filme denn sortiert? Nach dem Alphabet?«

»Nein, nach dem Genre.«

»Nach dem was?«

»Na, nach der Art. Ich habe Pornos mit Gruppen, mit Lolitas, Asiatinnen, von hinten. Sie wissen schon.«

»Hm, da kenne ich mich nicht so gut aus. Wie wäre es, wenn ich die Filme abstaube, die Kiste auswische und Sie dann die Pornos nach Ihren Vorstellungen sortieren?«

»Okay. Und? Welchen von den Filmen würden Sie gerne sehen? Soll ich mal einen einlegen, und wir gucken den so nebenbei?«

»Nein danke. Kein Bedarf.«

»Schade. Sind Sie s…?«

»Ja, ich bin sicher.«

Nur vier Gehirnzellen, oder was? Mann, ist das anstrengend…

K wie Knausrig

»Geld haben kommt von Geld halten.« Ja, ich weiß. Aber man kann es auch übertreiben. Manche Menschen scheinen ihre gesamte Lebensenergie darauf zu verwenden, das Superschnäppchen des Tages zu machen. Drei Cent beim Wocheneinkauf einsparen, obwohl man dafür mit dem Auto in den zwanzig Kilometer entfernten Großdiscounter fahren muss. Das dabei zusätzlich verbrauchte Benzin wird bei der Gewinn-und-Verlust-Rechnung dann gerne mal unter den Teppich gekehrt.

Beispiel:

»Justyna, hier ist Ihr Lohn für den letzten Monat. Ihnen wird sicherlich auffallen, dass Sie einen Euro weniger bekommen haben. Das liegt daran, dass Sie am vorletzten Freitag bereits um sechzehn Uhr fünfzig mit dem Putzen aufgehört hatten und nicht wie vereinbart um siebzehn Uhr.«

Wie konnte ich böse Putzfrau auch so schnell und trotzdem so gründlich putzen? Mir gehören beide Hände abgehackt ... Das wird nie wieder vorkommen, Herr Multimillionär.

O wie Organisiert

Die Organisierten heißen mit zweitem Namen auch die Zwanghaften. Alles muss perfekt geordnet und geregelt sein. Unordnung lässt das Leben der Organisierten ins Wanken geraten. Die Welt gerät aus den Fugen.

Beispiel:

»Justyna, da ich im Büro sein werde, wenn Sie zum Putzen kommen: Schicken Sie mir bitte eine SMS, wenn Sie das Haus betreten. Und dann wieder eine, wenn Sie es verlassen. So kann ich mir Ihren Arbeitsbeginn und Ihr Ende notieren. Und bitte denken Sie daran, dass die Sportsocken von Adidas und die von Reebok getrennt voneinander geschichtet werden müssen. Sonst passiert wieder so ein Riesenchaos wie vor sechs Wochen, Sie erinnern sich?«

Ja, ich erinnere mich. Sie haben ja auch fünf Wochen nicht aufgehört, davon zu reden.

T wie Transusig

Die Transusigen sind nicht depressiv. Denn Depressionen sind eine ernste Krankheit. Und alle darunter Leidenden haben mein stärkstes Mitgefühl. Transusig ist, wer zu viel Freizeit hat und einfach nicht weiß, wie er diese kostbaren Minuten, Stunden oder Tage sinnvoll nutzen soll. Das nervt. Vor allem die Außenstehenden, die eventuell sogar noch auf Hochtouren um die Transusigen herumputzen müssen.

Beispiel:
09.30 Uhr
»Stefan, kann ich ins Schlafzimmer und dort das Bett machen?«

»Ne, Justyna, ich liege noch drin. Und es ist gerade so gemütlich.«

»Okay, dann mache ich zuerst das Bad.«

10.00 Uhr
»Stefan? Stefaaaaaan? Kann ich jetzt, oder soll ich heute gar nicht im Schlafzimmer putzen? Stefan?«

»Ja? Was denn? Ach so, ja. Kannst du nicht erst noch woanders ...?«

»Ich bin eigentlich mit allem fertig. Bin ja schon fast drei Stunden bei dir. Bist du krank? Kann ich dir was Gutes tun?«

»Nein, mir geht's gut. Ich bin gleich draußen, warte kurz.«

10.21 Uhr
»So, jetzt kannst du rein. Das ist ja Stress pur heute Morgen.
Ich gehe mal ein bisschen auf die Couch …«

Ja, da wäre ich jetzt auch gern …

U wie Unappetitlich

Es mag irgendwie gesund sein und vielleicht sogar löblich,
wenn man zu sich und seinem Körper ein natürliches Verhält-
nis hat. Der Spaß hört aber auf, wenn man damit seine Mit-
menschen anekelt und brüskiert. Witzigerweise ist man selber
»uncool«, »prüde« oder »voll verspießt«, wenn man sich über
üblen Körpergeruch oder andere unhygienische, selbst ver-
schuldete Katastrophen beschwert.

Beispiel:
»Martin, ganz ehrlich: Ich habe dich doch schon so oft gebeten. Kannst du deine gebrauchten Kondome, wenn du fertig
bist, nicht selbst entsorgen? Weißt du, wenn ich das dann
Stunden oder Tage später wegmachen muss, das finde ich
ziemlich eklig.«

»Na, bei dir muss ja einiges schiefgelaufen sein in der Kindheit.«

»Was bitte soll das denn jetzt heißen?«

»Na, weil du total aggro und verklemmt reagierst. Benutzt ihr
zu Hause keine Kondome?«

»Darum geht es doch gar nicht. Aber ich denke, ab und zu selber mal die Klospülung zu tätigen oder das Kondom wegzuschmeißen, ohne damit auf mich zu warten, das ist doch nicht zu viel verlangt, oder?«

»Na, wenn du meinst ...«

Ja, ich meine es genau so ...

Z wie Zoologisch

Bei zoologisch geht es mir nicht um Gerüche, Exkremente oder Haustiere. Ich benutze diesen Begriff, um auszudrücken, dass sich manche Paare oder Familien vor mir aufführen wie die wild gewordenen Affen. Dabei ist es ihnen vollkommen gleichgültig, ob ich im gleichen Raum bin oder nicht. Da es ihr »Revier« ist, denken sie, können sie sich anbrüllen und beschimpfen wie Tiere. Und ich stehe dann als hilfloser Dompteur mittendrin.

Beispiel:
Sie: »Du blödes Arschloch gehst mir so auf den Sack. Hast du jetzt nur noch Scheiße im Kopf, oder was?«

Er: »Halt doch dein blödes Maul. Wer hat denn mit dem ganzen Fuck hier angefangen?«

Sie: »Wahnsinn, ich hätte so Bock, dir eine zu scheuern ...«

Er: »Mach doch, komm! Hau zu, dann hab ich endlich auch 'nen Grund, dir in deine blöde Fresse zu hauen.«

Ich: »Bitte hört doch auf, das ertrage ich nicht. Ich gehe lieber ...«

Sie: »Halt dich da gefälligst raus.«

Er: »Genau, steck deine Nase nicht in fremde Angelegenheiten.«

Sie: »So eine Unverschämtheit, was bildet die sich ...«

Er: »Komm, wir gehen.«

Ne, ich gehe, ihr beiden Affen. Viel Spaß in eurem Käfig ...

Justyna auf Zelluloid –
Teil I

Die drei Musketiere

Mein Leben ist durch die Veröffentlichung meines ersten Buches bereichert worden. Und das meine ich nicht im finanziellen Sinne. Mir wurden viele Geschenke gemacht. Ich durfte erleben, was es heißt, ernst genommen zu werden. Zu lernen, was es bedeutet, gehört und gelesen zu werden. Wenn man den Neid einiger weniger vernachlässigt, war und ist es ein herausragendes Gefühl, auf so viel Anerkennung zu stoßen, insbesondere von Fremden.

Aus einer künstlerischen Perspektive betrachtet, bekam ich ein weiteres Geschenk. Und feuchte Hände, als wieder einmal mein Handy ging und meine Verbündete von der Pressestelle des Verlags mir mitteilte, dass verschiedene Filmschaffende sich bei ihr gemeldet hätten.

»Warum denn?«, fragte ich sie. Ich wagte nicht einmal auszusprechen, was ich dachte.

»Herzlichen Glückwunsch, Justyna. Sie haben geschafft, was nur ganz wenige Autoren schaffen. Es gibt einige Interessenten, die Ihr Buch verfilmen wollen. Die sind alle der Meinung, dass *Unter deutschen Betten* Stoff für ein Drehbuch wäre. Es sieht so aus, als hätten Sie nun die Qual der Wahl …«

Während sie die Angebote weiter ausführte, begann ich zur Beruhigung stumm ein polnisches Kinderlied vor mich hin zu summen. Diese Nachricht überforderte mich. Ich hörte ihre Stimme am anderen Ende der Leitung, konnte ihr aber nicht wirklich folgen. Ich spürte in diesem Augenblick Freude, Dankbarkeit und gleichzeitig Furcht. Denn ich wusste: Das, was nun auf mich zukommen würde, konnte ich nicht alleine bewältigen. Mit Journalisten am Telefon reden oder zu einer Fernsehaufzeichnung anzureisen, dazu war ich alleine imstande. Doch nun ging es um ernsthafte Verhandlungen, neue Verträge etc.

»Du brauchst unbedingt einen Manager!«

Diesen Satz hatte ich in der letzten Zeit so oft gehört. Und bis zu jenem Tag stets belächelt. Schließlich bin ich weder Mariah Carey noch Joanne K. Rowling. Nach dem Telefonat und der Liste von Nummern, die ich nun zurückrufen sollte, war mir aber klar, dass ich Hilfe brauchte.

Nach einer schlaflosen Nacht griff ich zum Handy und rief am nächsten Morgen meine Freunde und Kunden, Frau Kiste und Mr. Chaos, an. Ich fragte sie, ob sie Zeit hätten, zu mir zum Abendessen zu kommen. Ich müsste etwas mit ihnen besprechen. Frau Kiste sagte sofort zu. Mr. Chaos auch, doch wollte er bereits per SMS im Vorhinein wissen, was denn der Grund für die Einladung sei:

»Wenn das 'ne Abschiedsparty sein wird, weil du zurück nach Polen gehst, dann komm ich auf keinen Fall. Also, wage es nicht mal …«

»Keine Angst, mich scharfes Luder wirst du so schnell nicht los.«

»Na, dann bin ich ja beruhigt. Aber tisch mir ja was Essbares auf … Also nix Polnisches!«

Zwei Abende später saßen wir drei an meinem Esstisch. Mein Mann hatte Nachtschicht, aber das war mir ganz recht. Somit konnte ich in aller Ruhe mit ihnen über mein Anliegen reden. Um meine Erfolgschancen bei ihnen zu erhöhen, hatte ich sie mit einem typisch polnischen Essen »bestochen«. Ich wusste, dass ich Frau Kiste und Mr. Chaos um einen großen Gefallen bitten würde, daher legte ich mich richtig ins Zeug. Als Vorspeise gab es eine cremige Pilzsuppe, zum Hauptgang tischte ich ein Wildschweinragout mit Steinpilzen auf und rundete das Ganze mit einer weiteren polnischen Spezialität ab: Mädchenteigtaschen – kleine köstliche Quarkhörnchen aus Hefeteig.

Es schien den beiden zu schmecken. Denn es blieb fast nichts übrig. Daher wunderte es mich auch nicht, dass Mr. Chaos vor seinem leergefegten Dessertteller saß und um einen Wodka und eine Pfauenfeder bat …

Während des Essens hatte ich beiden bereits von den Plänen erzählt, mein Buch zu verfilmen. Und dass ich ihre Hilfe benötigte.
Frau Kistes rechtlichen Beistand, wenn es schließlich um den Vertrag ging, und Mr. Chaos' rhetorisches Geschick und kaufmännische Erfahrung bei der Verhandlung und Analyse der einzelnen Angebote. Ich machte beiden auch sofort klar, dass ich keine Almosen möchte, sondern sowohl Frau Kiste

190

als auch Mr. Chaos prozentual an diesem Projekt zu beteiligen beabsichtigte.

Beide hörten mir die ganze Zeit aufmerksam zu, ohne sich wirklich zu dem einen oder anderen Punkt zu äußern. Das beunruhigte mich ein wenig. Innerlich wurde ich ungeduldig. Denn außer Kiste und Chaos hatte ich in meinem Bekanntenkreis niemanden, der für diese Aufgaben geeignet war und dem ich gleichzeitig so vertrauen könnte.

Frau Kiste war die Erste, die das Schweigen nach dem Essen brach:

»Natürlich helfe ich dir, Justyna. Das mache ich gerne. Sobald du etwas Schriftliches vorliegen hast, gucke ich drüber! Wenn die dich über den Tisch ziehen wollen, kriegen sie es mit mir zu tun!«

Mir fiel ein Stein vom Herzen.

»Danke.« Dieses Wort kam mit tiefster Überzeugung.

Mr. Chaos schien aber immer noch unschlüssig. Das zumindest interpretierte ich aus seinem Schweigen. Er hatte ein regelrechtes Pokerface aufgesetzt und musterte mich stumm. Mir wurde ganz bang.

Dann endlich öffnete auch er seinen Mund:

»Fräulein Justyna, ich freue mich auf die Zusammenarbeit. Klar bin ich dabei. Aber nur unter einer Bedingung …«

Oh nein, es gab noch einen Haken.

Er fuhr fort:

»... ich will kein Geld. Solange es nicht zu viel meiner Zeit verschlingt, betrachte es als Freundschaftsdienst.«

»Das Gleiche gilt für mich übrigens auch«, fügte Frau Kiste hinzu.

»Danke, danke, danke.«

Mehr war ich in diesem Augenblick nicht imstande zu sagen.

Die erste Hürde hatte ich geschafft. Auf einmal hatte ich ein verdammt gutes Gefühl. Mit Kiste und Chaos im Rücken fühlte ich mich stark und den auf mich zukommenden Aufgaben gewachsen. Ich freute mich auf die zukünftige Zusammenarbeit mit meinen Mitstreitern. Wieder einmal war mir bewusst geworden, dass man sein Leben als Einzelkämpfer nur schwerlich meistern kann. Ich dachte früher immer, Hilfe von außen anzunehmen bedeute Schwäche. Wie falsch ich doch lag.

Gemeinsam würden wir das packen.
Wir, die drei Musketiere ...

Justyna auf Zelluloid – Teil II

Die Qual der Wahl

Am darauffolgenden Wochenende traf ich mich mit Mr. Chaos in seiner Wohnung. Er hatte die Tage zuvor bereits mit sämtlichen Interessenten telefoniert. Insgesamt waren es acht, die mir ein Angebot machen wollten. Aber drei von ihnen wurden von Mr. Chaos nach dem ersten Telefonat bereits aussortiert. Entweder schienen sie nicht seriös genug, oder sie hatten vor, das Buch so zu verfremden, dass man meine Geschichten später nicht mehr ansatzweise wiedererkannt hätte. Von den restlichen fünf ließ er sich per E-Mail Angebote schicken, die wir nun zusammen durchforsten würden.

Ich war so froh, Mr. Chaos an meiner Seite zu wissen.
Er gab mir Sicherheit. Durch ihn hatte ich die Chance, mir ganz klar vor Augen zu führen, unter welchen Voraussetzungen ich mein Buch verfilmen lassen würde, ohne mich zu sehr von dem Wust an E-Mails einschüchtern zu lassen.

»Was hast du denen eigentlich gesagt, wer genau du bist?«

Diese Frage interessierte mich brennend, und ich wollte sie schon seit Tagen loswerden.

»Na ja, ich sagte, ich sei dein Agent.«

Ich musste laut loslachen. Das klang so absurd.

Ich, die Putzfrau, hatte nun meinen eigenen Agenten.

»Hör auf zu lachen. Justyna, du verhandelst jetzt mit Geschäftsleuten. Da brauche ich dich nicht kichernd neben mir wie ein kleines Schulmädchen. Du bist jetzt auch eine Geschäftsfrau. Du verkaufst dein Buch. Und die wollen alle was von dir. Also, bleib ruhig so natürlich, wie du bist, und sei nett zu denen, aber smart. Und sei vor allem kein scheues Reh, das deinen Verhandlungspartnern das Gefühl gibt, leichte Beute zu sein. Lass dich nicht unterbuttern.«

Er hatte vollkommen recht. Ich musste mich eben nur noch an diese Situation gewöhnen. Von nun an galt für mich bei Verhandlungen: nach außen die reflektierte und selbstbewusste Autorin geben – und innerlich versuchen, das kleine, vor Aufregung kreischende und vor Freude hüpfende Mädchen im Zaum zu halten.

Also machten wir uns an die Arbeit. Ich war äußerst gespannt zu sehen, wer die Interessenten waren, die *Unter deutschen Betten* verfilmen wollten. Mr. Chaos hatte in professioneller Manier eine kleine Präsentation vorbereitet, die er mir in PowerPoint vorführte. Also nahm ich auf seiner Couch Platz und lauschte seinem Vortrag. Ich war so gut gelaunt, dass ich ernsthafte Probleme hatte, das hüpfende Mädchen in mir zu beruhigen und mich auf Mr. Chaos zu konzentrieren. Aber irgendwann schien mein inneres Kind müde zu werden, denn ich war nun voll bei der Sache:

Bei den ersten drei Interessenten handelte es sich um große deutsche Filmproduktionsfirmen, eine mit Sitz in München und zwei aus Berlin. Von allen dreien hatte ich schon einmal etwas gehört. Kaum zu glauben, dass die Interesse an meinem Buch hatten. Mr. Chaos klärte mich darüber auf, dass er gegenüber den Firmen keinen Hehl daraus machte, dass sie miteinander konkurrierten. Er sagte, das würde sich vor allem auf den Verkaufspreis und die restlichen Vertragskonditionen auswirken. Je mehr Nachfrage bestünde, desto mehr Oberwasser hätten wir. Die Vorstellung gefiel mir. Er nannte mir den Preis, den eine der Firmen bereit war zu zahlen. Das sei das momentan höchste Gebot, fügte er hinzu. Anscheinend hatten sich die drei Produktionsfirmen in den letzten Tagen einen regelrechten Bieterwettstreit geliefert. Er zeigte mir den Stapel E-Mails, den er alleine von diesen drei Interessenten im Laufe der letzten Woche erhalten hatte. Es war unglaublich. Mehrmals hatten sie ihr Angebot nach oben korrigiert.

Nebenbei dachte ich daran, wie viele Stunden Arbeit Mr. Chaos mittlerweile schon durch mich gehabt hatte. Das war mir unangenehm. Er ist in seinem Beruf als Unternehmensberater ohnehin schon sehr eingespannt. Und dann opferte er zudem noch seine Freizeit, um mir zu helfen. Eines war mir klar: Ich würde mich auf jeden Fall revanchieren. Was sollte ich ihm anbieten? Ich denke, um das Ganze auf professioneller Ebene abzuwickeln, wäre Geld nach wie vor das einzig Richtige. Auch wenn er sich momentan noch sträubte, eine Beteiligung zu akzeptieren, so dachte ich, würde ich ihn nach einer geraumen Zeit so weichgekocht haben, dass er doch noch eine finanzielle Kompensation von mir annimmt. Das Gleiche gälte dann aber auch für Frau Kiste.

»Ich sagte: Hast du noch Fragen zu den ersten drei Interessenten?«

Seine etwas lauter gewordene Stimme riss mich aus meinen Gedanken.

»Äh, nein, nein. Ich habe alles verstanden«, entgegnete ich.

»Gut, dann kommen wir nun zu den letzten beiden …«

Der vierte Interessent war ein sehr bekannter Regisseur. Ich fand es ja bereits erstaunlich, dass so große und erfolgreiche Firmen um mein Buch buhlten. Aber nun auch noch er? Das imponierte mir. Und machte mich stolz. Mr. Chaos erzählte mir: Am Telefon hätte der Regisseur mehrmals betont, wie faszinierend er den Stoff fände und dass er ihn liebend gerne verwenden würde. Der Preis, den er bot, lag aber etwas unter dem der höchstbietenden Produktionsfirma. Mehr könne er nicht zahlen, da er mit seinen Privatmitteln in Vorleistung gehen müsste.

Ich hielt mich während der gesamten Präsentation bedeckt, denn ich wollte mir zunächst einmal in Ruhe anhören, was Mr. Chaos zu sagen hatte.

Der fünfte Interessent war eine Interessentin. Als ich hörte, wer sich dahinter verbarg, wäre ich fast von der Couch gerutscht. Ich traute meinen Ohren nicht und fragte ungläubig:

»Warte, ist das wirklich die …?«

Mr. Chaos grinste mich an wie ein Honigkuchenpferd.

»Ja, Justyna, das ist sie. Toll, was?«

Toll traf es nicht mal annähernd. Ich war komplett aus dem Häuschen. Eine meiner Lieblingsschauspielerinnen hatte Interesse an *Unter deutschen Betten*. Sie ist so vielseitig und wunderbar. Am liebsten hätte ich Mr. Chaos um ein Glas Wodka gebeten, aber ich war ja bemüht, einen klaren Kopf zu bewahren und die Dinge »cooler« anzugehen. Daher unterdrückte ich meinen Impuls und hörte ihm weiter zu.

»Wir hatten ein tolles Gespräch miteinander. Sie ist unheimlich nett.«

Damit beantwortete Mr. Chaos gleich zwei Fragen, die ich ihm in dieser Sekunde stellen wollte. Er hatte also wirklich persönlich mit ihr geredet, und sie scheint auch im echten Leben so sympathisch, wie ich sie mir immer vorgestellt hatte.

»Sie klang so glaubhaft in dem, was sie sagte, Justyna. Als wir uns am Telefon unterhielten, konnte ich ihre Begeisterung für das Buch förmlich spüren. Sie scheint die Geschichte wirklich zu lieben. Und …«, er hielt inne.

»Und was???«, platzte es aus mir heraus …

»Nur keine Eile, junge Dame, nur keine Eile …«, er begann zu lachen.

Mr. Chaos schien diesen Augenblick zu genießen. Er spannte mich bewusst auf die Folter. Ich begann, nervös auf der Couch hin und her zu rutschen.

»Mr. Chaos, rede mit mir!!!!!«

»Nicht nur, dass sie die Rechte kaufen will, um es zu produzieren, sie möchte auch unheimlich gerne die Justyna spielen. Also dich!!!«

Im Bruchteil einer Sekunde war ich von der Couch aufgesprungen und hüpfte im Wohnzimmer auf und ab. Das kleine Mädchen in mir hatte in diesem Augenblick gewonnen und die smarte Geschäftsfrau zur Seite gestoßen. Ich war außer mir vor Freude. Mr. Chaos kam auf mich zu und nahm mich in den Arm.
Nach ein paar Runden Freudentanz signalisierte er mir aber mit einer seiner typischen Handbewegungen, dass wir uns nun wieder beruhigen sollten. Es gäbe schließlich noch eine Menge zu tun. Also verfrachtete ich das kleine kichernde Mädchen wieder in mein Inneres zurück und nahm auf der Couch Platz.

»Nun liegt es an dir, Justyna. Alle fünf Angebote erscheinen mir seriös. Aber die Entscheidung, wer den Zuschlag bekommen soll, die liegt alleine bei dir.«

»Was würdest du tun? Ich weiß nicht … Geht es mir ums Geld oder darum, das Buch in guten Händen zu wissen?«

»Ich habe einen Favoriten oder Favoritin. Aber ich werde keine Namen nennen. Ich möchte wirklich nicht, dass du mir später vorwirfst, ich hätte dich beeinflusst.«

»Tu mir einen Gefallen, Mr. Chaos.«

»Noch einen? Mann, Mann, Mann. Du bist aber ganz schön gierig …«

»Ja, ich weiß, ich bin schrecklich. Schreib deinen Favoriten auf ein Blatt Papier, stecke es in einen Umschlag und klebe ihn zu. Lege ihn irgendwo in eine Schublade. Und wenn ich mich entschieden habe und der Vertrag unter Dach und Fach ist, dann gib ihn mir, und ich sehe nach, ob wir beide den gleichen Riecher hatten.«

»Oder ich könnte dir dann später einfach sagen, wer mein Favorit war. Aber du magst es ja dramatisch. So seid ihr ja in Polen, oder?«

»Du hast es erfasst. Wir lieben es dramatisch.«

Nachdem wir fertig waren, begleitete mich Mr. Chaos zur Tür.

»Ich wollte dir noch was sagen, Mr. Chaos.«

»Ja?«

»Das, was du bis jetzt für mich getan hast, hat noch nie jemand für mich getan. Ich bin dir aufrichtig dankbar.«

»Das habe ich gerne getan. Und jetzt raus, sonst werde ich noch rührselig. Außerdem: Wenn uns Nachbarn hier so sehen, denken die noch, ich wäre heterosexuell geworden.«

»Stimmt, das wäre skandalös. Dann verschwinde ich mal lieber. Gute Nacht, mein Agent.«

»Gute Nacht, du Putzfrau, du …«

In dieser Nacht tat ich kein Auge zu. Ich dachte immerzu darüber nach, wer nun den Zuschlag für das Buch bekommen sollte.

Auch wenn das Angebot der Schauspielerin, ähnlich wie das des Regisseurs, ein wenig unter dem der Produktionsfirma lag, war ich innerlich bereits an diesem Punkt geneigt, entweder ihr oder ihm den Zuschlag zu geben. Entschiede ich mich für die meistbietende Filmfirma, würde ich das Kostbarste, das ich bisher mit meinen eigenen Händen erschaffen hatte, einfach so aus der Hand geben. Ohne zu wissen, was sie aus meinem Buch machen würden. Ohne Anhaltspunkt, ob *Unter deutschen Betten* es jemals aus deren Schublade oder Archivregal auf den TV-Bildschirm oder die Kinoleinwand schaffen würde. Das Risiko, mit dem Verkauf an die Produktionsfirma mein Buch ins Reich der Vergessenen zu schicken, wäre zumindest vorhanden. Vor kurzem erst hatte ich ein wunderbares Buch gelesen: *Der Schatten des Windes,* von Carlos Ruiz Zafón. In dieser Geschichte geht es unter anderem um den Friedhof der vergessenen Bücher. Unwillkürlich kam mir dieser Ort immer wieder in den Sinn.
Ich wollte nicht, dass mein Buch in einem Friedhof landete. Der Gedanke, dass meine geschriebenen Worte in bewegten Bildern umgesetzt werden würden, machte mich so glücklich. Daher war ich bestrebt, nur das beste Angebot zu akzeptieren. Das beste musste für mich jedoch nicht zwangsläufig das höchste sein …

Ich wusste aber, dass wir mit dem endgültigen Abschluss noch lange nicht so weit waren, denn es müsste ja erst einmal ein entsprechender Vertrag aufgesetzt werden, der beiden Seiten zusagen musste. Doch meine beiden Favoriten standen in diesem Moment so gut wie fest. Ganz sicher war ich mir in dieser schlaflosen Nacht aber immer noch nicht.

Zwei Tage später traf mich ein Blitz. Andere nennen es Erleuchtung. Es war nachmittags um fünfzehn Uhr, ich war gerade bei Frau Wagner und dabei, ihre Fenster zu putzen. Plötzlich hielt ich inne. Die letzten Tage hatte ich mir nicht leichtgemacht. Die Entscheidung, wer von den fünf Interessenten den Zuschlag für die Verfilmung bekommen sollte, war aus beruflicher und privater Sicht unbestritten die wichtigste, die ich in meinem Leben fällen musste.

Und auf einmal war es so klar, so sonnenklar, was ich tun musste. Ich stieg von der Leiter, griff in meine Handtasche, zog mein Handy heraus und schickte Mr. Chaos eine SMS:

»Ich habe mich entschieden.«

Danach rief ich eine Nummer in München an …

Justyna auf Zelluloid –
Teil III

Zwei Tage in München

Ich hatte mich schließlich für »sie« entschieden. Die Schauspielerin und Produzentin. Sie schien mir am ehrlichsten und leidenschaftlichsten daran interessiert, das Buch zu einem erfolgreichen Film zu machen. Und sie war ein Star. Was konnte mir Besseres passieren?

Nachdem Frau Kiste den von ihr aufgesetzten Vertrag für fair und gut befand und grünes Licht gab, bat mich die Schauspielerin, sie zur Unterzeichnung in ihrer Münchner Agentur zu besuchen. Das ließ ich mir natürlich nicht zweimal sagen. Nicht nur, dass ich gerne in München war, ich wollte sie endlich persönlich kennenlernen.

Hier jedoch traten bereits die ersten Schwierigkeiten auf. Wie das nun mal so ist bei uns schwer beschäftigten Karrierefrauen: Einen Termin zu finden, an dem wir beide Zeit hätten, entpuppte sich als echte Herausforderung. Sie war die meiste Zeit drehenderweise irgendwo in der Welt unterwegs, und keiner meiner Kunden wollte in der Vorweihnachtszeit auf meine Putz- und Bügelkünste verzichten.

Irgendwie schafften wir es dann aber doch, ein Datum festzulegen, und ich machte mich auf den Weg in die bayerische Landeshauptstadt. Ich flog bereits am Vortag, am späten

202

Nachmittag, nach München, denn ich wollte unbedingt auf einen bestimmten Weihnachtsmarkt: den Christkindlmarkt am Chinesischen Turm. Dieser Ort im Englischen Garten ist im Sommer ein wunderschöner Biergarten. Ich war dort einmal vor geraumer Zeit im August. Als mir nun ein Bekannter erzählte, dass man in der Adventszeit statt Bier und Schweinshaxn Lebkuchen und Glühwein zu sich nehmen und von Stand zu Stand schlendern konnte, musste ich diesem Weihnachtsmarkt unbedingt einen Besuch abstatten.

Und es war wunderbar.

Ich ließ mich von der Stimmung bezaubern. Von den Massen des Sommers keine Spur. Nun hielt winterliche Stille und Beschaulichkeit Einzug. Paare, die Hand in Hand durchspazierten, um sich gemeinsam von der Atmosphäre des Marktes gefangen nehmen zu lassen. Und Eltern, die ihre kleinen Kinder auf dem Arm durch die verzauberte Winterkulisse trugen. All dies gepaart mit weihnachtlicher Musik und dem Duft von gebrannten Mandeln und Magenbrot. Ich war im Himmel. Der Umstand, dass ich am darauffolgenden Tag eines meiner Idole treffen würde, verstärkte meine positive Stimmung.

Ich lief anschließend vom Chinesischen Turm zum südlichen Ende des Englischen Gartens, durch den Hofgarten bis zum Odeonsplatz und durch die Fußgängerzone bis zum Marienplatz, wo ich schließlich am Rindermarkt ankam.

In der Stadt schien wirklich allerorts Weihnachtsmarkt zu sein. Überall Stände, Musik und gutgelaunte Menschen. Ich gönnte mir noch eine Tasse Feuerzangenbowle, bevor ich zum Hotel zurückging.

Es war ein sehr schöner Abend.

Justyna auf Zelluloid –
Teil IV

Vor Handseife wird gewarnt!

»Sind Sie sicher, dass Sie kein Taxi nehmen wollen? Oder die U-Bahn? Das ist nämlich ziemlich weit von hier.«

Der Rezeptionist, der mir am nächsten Morgen den Weg zur Agentur der Schauspielerin und Produzentin erklärte, schien besorgt um mich zu sein.

»Nein, nein, vielen Dank. Ich laufe gerne.«

Ich war an diesem Morgen bereits früh aufgewacht und eine der Ersten im Frühstücksraum gewesen. Meine Nervosität schien sich mit dem Einnehmen von Nahrung und Kaffee proportional zu verstärken. Ich wollte in Bewegung bleiben, das würde mich ablenken. Daher war an ein zweites Schläfchen in meinem Hotelzimmer auch nicht mehr zu denken. Also wollte ich in aller Ruhe zu der Agentur laufen, in der ich den Vertrag zur Verfilmung meines Buches unterzeichnen würde. Auch wenn die Entfernung über drei Kilometer betrug. Die kalte Winterluft und die strahlende Sonne würden mir guttun und meinen Kopf freipusten. So, dass meine Nervosität sich legen würde.

Kurz, nachdem ich mich auf den Weg gemacht hatte, rief ich Mr. Chaos an.

»Hallo?«

»Ich bin's. Gleich unterschreibe ich den Vertrag.«

»Ich bin stolz auf dich. Aber vermassle das jetzt nicht noch. Ach ja, das wollte ich dich noch fragen: Schreiben kannst du doch, oder? Wegen deines Namens und so …«

Lachend verabschiedete ich mich von ihm:

»Ich bin dann schon gespannt, was für einen Namen du auf das Blatt Papier geschrieben hattest.«

Noch immer hatte Mr. Chaos den Umschlag mit dem Namen seines Favoriten in seiner Schublade liegen. Ich hatte ihm auch noch nicht gesagt, auf wen meine Wahl fiel.

»Lass dich überraschen. Ich im Übrigen auch. Ich habe aber schon eine Vermutung, wo du gerade bist und bei wem du gleich unterzeichnen wirst …«

»Du weißt gar nichts, du bluffst doch nur.«

»He, he, wer weiß …«

»Ciao, Herr Agent.«

»Ciao, Frau Putzfrau.«

Und mit einem Stadtplan bewaffnet, setzte ich meinen Spaziergang fort. Die Straßen waren belebt. Jeder schien auf dem Weg zur Arbeit zu sein. Ich war da keine Ausnahme. Nein, das war auch wieder nicht ganz richtig. Denn ich war ja auf dem Weg zu etwas wirklich Besonderem.

Ich war zwar beruflich unterwegs. Aber nicht auf dem Weg zu einer Kundin oder einem Kunden, um dort das Frühstücksgeschirr abzuspülen, die nassen Handtücher, die nach der Morgendusche zusammengeknüllt auf dem Badewannenrand hingen, aufzuhängen oder den Parkettboden zu wienern. Ich machte an diesem Morgen Geschäfte. Aber nicht mit meinen Händen, wie sonst.

An diesem Tag tätigte ich nur eine Unterschrift und konnte danach meinen Heimweg antreten.

Daraus bestand mein gesamter Arbeitstag, aus zwei Worten: Justyna Polanska.

Außerdem würde ich in wenigen Minuten einem richtigen Star, einer meiner Lieblingsschauspielerinnen, leibhaftig begegnen. »*Verrückte Welt*«, dachte ich immer und legte einen Zwischenstopp bei Starbucks ein, um mich mit einem Kaffee aufzuwärmen. Denn es war doch ziemlich kalt. Aber ich wollte unbedingt laufen. Ich hatte die Hälfte des Weges bereits hinter mir.

Endlich kam ich an der Adresse der Agentur an. Es war ein hochherrschaftliches Mehrfamilienhaus im Jugendstil. Fein renoviert mit einer strahlend weißen Fassade, reichlich verziert und mit ausladenden grünen Fensterläden.

»Das gibt es doch nicht, diese Altbauten verfolgen mich ...«, dachte ich amüsiert.

Aber das Gebäude passte hervorragend in das vornehme Viertel, in das ich von der Münchner Innenstadt aus hingewandert war.

Bevor ich auf dem goldenen Klingelschild nach dem Namen der Agentur suchen konnte, musste ich erst einmal einen Mülleimer finden, um meinen leeren Kaffeebecher zu entsorgen. In diesem Moment fiel mir auf, dass ich dringend auf die Toilette musste. Was tun? Noch schnell ein Café suchen und dort gehen, oder gleich in der Agentur mit der Tür ins Haus fallen, indem ich zuallererst nach dem stillen Örtchen frage? Da es genau eine Minute vor dem vereinbarten Zeitpunkt war, verwarf ich die Option mit dem Café und verschaffte mir Einlass. Eine der vielen Dinge, die sich mir an diesem Tag ins Gedächtnis brannten, war das auf Hochglanz polierte, hölzerne Treppenhaus. Es war ein dunkles Holz, ich tippte auf Mahagoni oder Wenge. Ich machte mir während des Aufstiegs in den dritten Stock ernsthaft Gedanken darüber, wie man solch ein edles Material hier in München wohl behandelte. Ob die Putzleute die gleichen Tricks anwenden wie ich? Entweder es handelte sich um eine Berufskrankheit, wegen der ich mir derartige Fragen stellte, oder ich wollte mich nur wieder ablenken von meiner ansteigenden Nervosität. Auf jeden Fall wirkte es.

Als ich oben ankam, klingelte ich an der Eingangstür. Wenig später öffnete mir eine sehr elegante Frau in meinem Alter. Sie schenkte mir ein strahlendes Lächeln.

»Guten Morgen, Sie müssen Frau Polanska sein. Es freut mich sehr. Bitte, kommen Sie doch herein.«

Während ich ihr die Hand gab und sie sich mir vorstellte, sah sie mich besorgt an.

»Um Gottes willen, Sie sind ja halb erfroren. Jetzt wärmen Sie sich erst einmal auf.«

Sie führte mich durch das Büro, das aus fünf oder sechs Zimmern bestand. Alles war in feinstem Stil eingerichtet, und auch hier war die edle Einrichtung eingebettet in eine blitzblanke Umgebung. Ich war sehr beeindruckt. Sie führte mich in einen Raum, dessen Zentrum ein langer Konferenztisch aus weißem Lack bildete.

»Frau Polanska, möchten Sie etwas Warmes zu trinken haben? Einen Tee vielleicht? Oder einen Latte macchiato?«

»Einen Tee hätte ich sehr gerne. Aber ich müsste davor mal dringend für kleine Autorinnen.«

Sie grinste mich an:

»Kein Problem, die Toilette ist einmal um die Ecke«, sie deutete aus dem Zimmer hinaus auf den Flur und dann links, »der Tee kommt sofort. Die anderen sind noch nicht da, aber sie müssten jeden Moment kommen.«

Damit waren »sie« und ihre Assistentin gemeint.

Ich wollte ganz schnell machen, damit ich wieder im Raum sein und am Konferenztisch sitzen würde, bevor die beiden Damen erschienen. Deswegen zog ich geschwind meinen Mantel aus, warf ihn über die Stuhllehne und hastete auf den

Gang hinaus. Es schien dort niemand zu sein, alle anderen Türen waren geschlossen. Ich begann meinen Sprint aufs Damenklo.

Als ich im dunklen Gang um die Ecke bog, rannte ich eine Gestalt fast über den Haufen. Zumindest prallten wir so gut wie aufeinander. Ich sammelte mich und stammelte eine schnelle Entschuldigung. Da erst erkannte ich, wer hier vor mir stand. Zum denkbar ungünstigsten Zeitpunkt. Ich war durchgefroren, aufgeregt und musste dringend aufs Klo. Und da stand »sie« nun leibhaftig vor mir. Unglaublich. Für einen Augenblick vergaß ich meine Blase. Ich war zu perplex. Dabei hatte ich mir auf dem langen Spaziergang vom Hotel zur Agentur bereits minutiös überlegt, wie ich sie begrüßen würde. Toll! Anstelle meines vorbereiteten »Was für eine Ehre« grinste ich ihr debil ins Gesicht und blaffte:

»Hi, wo ist denn hier das Klo?«

Unmittelbar nach Beendigung des Satzes wurde mir auch schon bewusst, was ich da gerade von mir gegeben hatte. Doch nun war es zu spät. Ich konnte es nicht mehr ungeschehen machen. Ich sah sie an. Sie sah im echten Leben genauso toll aus wie im Film. Ihr Auftritt war klasse. Meiner hatte sich gerade selbst disqualifiziert …

Ich war auf jede Reaktion gefasst.
Sie begann zu lachen. Sie lachte mich aber nicht aus, sondern lachte mit mir. Über diese unfreiwillig komische Situation. Nachdem wir beide Luft geholt hatten, sagte sie schließlich:

»Sie müssen Justyna sein. Es freut mich sehr, Sie endlich persönlich kennenzulernen. Das Klo ist hier hinter mir. Aber passen Sie auf, die Handseife spritzt, wenn Sie auf den Spender drücken.«

Ich musste noch einmal lachen. Sie gluckste mit.

»Es freut mich auch sehr, über alle Maßen. Ja, ich passe auf.«

»Ich gehe schon mal in den Konferenzraum. Bis gleich.«

Und mit einem Lächeln entschwand sie um die Ecke.

Ich war baff und beglückt. Sie war genau wie der Comedian damals in der Talkshow ein ganz sympathischer und natürlicher Promi. Ein Mensch eben. Ich mochte sie auf Anhieb. Und freute mich umso mehr auf unsere Zusammenarbeit. Aber nun wollte ich sie auch nicht unnötig warten lassen. Daher verschaffte ich mir schnell Erleichterung und gesellte mich danach zu ihr und ihrer Agentin.

Alles in allem war es ein sehr herzliches Aufeinandertreffen. Da Mr. Chaos und Frau Kiste im Vorhinein bereits alle zu verhandelnden Dinge wie Preis, Konditionen und sämtliche übrigen Vertragsklauseln geregelt hatten, war meine Aufgabe leicht.

Wir plauderten über zwei Stunden über das Buch, was »sie« alles mit dem Stoff vorhatte und ob das auch meinen Vorstellungen entsprach. Und wie ich es mir schon im Vorfeld ausgemalt hatte: Es gab so gut wie keine strittigen Punkte. Wir alle schienen erleichtert darüber. Bevor ich dann schließlich unterschrieb, fragte mich die Agentin:

»Nun, Frau Polanska, die gesamte Verhandlung mit Ihnen, Ihrer Anwältin und Ihrem Agenten verlief so angenehm und reibungslos. Daher würden wir gerne noch etwas für Sie tun. Gibt es denn noch einen Punkt, den Sie gerne in den Vertrag mit aufgenommen hätten?«

Die Agentin hatte recht. Die Vertragsverhandlungen verliefen wirklich ohne Probleme. Der Grund lag an meinen Mitstreitern, meinen Musketieren, Frau Kiste und Mr. Chaos. Ich war so dankbar. Vor allem Mr. Chaos, der viel Zeit investiert hatte und stets ein Ohr für mich hatte, wenn es um das Buch oder die Verfilmung ging, hatte mir wieder einmal gezeigt, dass es sich lohnt, einem Menschen zu vertrauen.

Daher hatte ich auf einmal folgende Idee …

»Da gibt es etwas, das ich gerne noch von Ihnen hätte …«

Justyna auf Zelluloid –
Teil V

Finale

Ich wusste, dass er an diesem Abend zu Hause war. Unmittelbar nach meiner Ankunft aus München am Frankfurter Flughafen fuhr ich zu ihm. Obwohl ich bereits seit über zwölf Stunden auf den Beinen war, fühlte ich mich frisch wie der junge Morgen. Ich hätte Bäume ausreißen können.

Damit ich Mr. Chaos nicht überrumpeln würde, schickte ich noch vom Gepäckband eine kurze SMS.

»Darf ich ganz kurz vorbeischauen? Brauche jemand zum Reden. Alles ging schief. Es war furchtbar.«

Seine Antwort dauerte keine zwei Minuten.

»Wenn du denkst, du kannst mich schocken, musst du früher aufstehen. Freue mich auf deine Erfolgsgeschichte. Bis gleich.«

Na gut, auch in Ordnung. Man beziehungsweise ich konnte ihm einfach nichts vormachen. Während ich auf meinen Koffer wartete, kontrollierte ich noch einmal mein Handgepäck. Gott sei Dank blieben meine Mitbringsel aus München heil. Ich hatte sowohl für meinen Mann, meine Mutter, meine Schwester, Frau Kiste und Mr. Chaos frischen Kaffee von Dallmayr mitgebracht. Darüber hinaus noch ein Paar Ohrringe für meine Schwester und zwei Riesenlebkuchenherzen für Mr. Chaos und Frau Kiste. Darauf stand jeweils auf Bayerisch »Donk Da«, was wohl so viel heißt wie »Danke«.

Eine halbe Stunde später klingelte ich an der Tür von Mr. Chaos. Das Erste, das er sagte, als er öffnete, war:

»Okay, du musst das endlich kapieren. Ich habe schon einen Freund und bin nicht an dir interessiert.«

Er sagte es extra laut, dass es alle im Treppenhaus hören würden. Wenn denn da jemand gewesen wäre.

Ich lachte und stieß ihn in die Wohnung hinein, während ich ihm in den Flur folgte.

»Blödmann. Ich freue mich auch, dich zu sehen. Hier, ich habe Geschenke für dich.«

»Oh, Kaffee und ein Lebkuchenherz. Von einer Polin. Jetzt kann ich endlich meine Augen schließen …«

Ich setzte mich auf seine Couch. Auf dem Kissen neben mir lag ein weißer Umschlag. Er nahm gegenüber auf dem Sessel Platz.

»Okay, dem Kaffee und dem Lebkuchenherz nach zu urteilen warst du nicht in Berlin, nicht in Hamburg und nicht in Köln.«

»Wie unglaublich scharfsinnig du doch bist.«

»So bin ich.« Nun setzte er eine ernsthaftere Miene auf. »Und?«

»Es waren zwei tolle Tage in München. Und ja: ›Sie‹ hat das Buch bekommen.«

Für einen Moment schloss er die Augen und blickte mich danach lange an. Dann sagte er:

»Ich hatte gehofft, dass du dich für ›sie‹ entscheiden würdest. Ich gratuliere dir. Und ich freue mich.«

Ich blickte auf den weißen Umschlag neben mir. Ohne lange darüber nachzudenken, nahm ich ihn in die Hand und öffnete ihn. Als ich das Papier aufklappte, las ich einen Namen. Den Namen, den Mr. Chaos vor gar nicht allzu langer Zeit aufgeschrieben und den er bis oder besser gesagt für diesen Tag in seiner Schublade verwahrt hatte.

Natürlich war es ihr Name.

»Übrigens, es gibt wirklich noch einen kleinen Haken an der Sache«, ich versuchte, betont ernst zu gucken, »du und ich, wir sind aus der Geschichte noch nicht ganz raus.«

Mr. Chaos nahm einen tiefen Schluck aus seinem Rotweinglas, setzte es ab und sagte:

»Und was bitte verlangst du jetzt noch von mir? Diese Polen: kleiner Finger, ganze Hand!?«

»Ich habe den Vertrag noch um eine kleine Klausel erweitern lassen heute …«

»Oh Gott, wenn Polinnen sich in Erwachsenendinge einmischen! Was um Himmels willen hast du denn jetzt wieder angestellt?«

Theatralisch schlug er die Hände überm Kopf zusammen.

»Du und ich«, ich machte eine kleine Unterbrechung, nahm einen Schluck aus seinem Rotweinglas, setzte es in aller Seelenruhe wieder ab, streckte mich und fuhr fort: »Du und ich, wir bekommen unseren eigenen Gastauftritt in ihrem Film.«

Mr. Chaos fiel die Kinnlade herunter. Dann begann er zu grinsen.

»Du bist einfach total verrückt.«

»Ich weiß. Ich dich auch.«

Epilog

Wieder einmal war die reinste Hektik um mich herum ausgebrochen. Wieder einmal war mir viel zu warm.
Und wieder einmal war ich bis zur Unkenntlichkeit verkleidet worden. Dieses Mal aber glücklicherweise eher der Männer mordende Vamp als die inkontinente Großmutter.

Die Scheinwerfer des Fernsehstudios verwandelten die dunkle Halle in ein strahlendes Meer aus Kabeln und Stahlgerüsten. In dessen Mitte befand sich eine Insel, bestehend aus einem roten Teppich, zwei weißen Ledersesseln und einem beigefarbenen Hintergrund aus lackiertem Sperrholz.

In einem der Sessel saß ich.
Und wartete, dass es endlich losging.

Mit welcher der so oft in der letzten Zeit gehörten Fragen würde die Moderatorin wohl anfangen?

»Was findet man denn nun unter deutschen Betten?«

oder

»Wie war die Reaktion Ihrer Kunden auf das Buch?«

oder

»Wurden Sie erneut sexuell angemacht?«

Egal was sie mich fragen würde. Ich hätte auf alles eine Antwort. Denn ich schien auf alles vorbereitet zu sein. Es konnte gar keine Frage gestellt werden, die ich nicht schon gehört und beantwortet hatte. In den letzten Monaten, Wochen, Tagen.

Aber heute war kein guter Tag. Ich hatte miserabel geschlafen. Das Hotelbett glich einer Folterliege. Ich konnte jede einzelne Sprungfeder spüren. Und das Kopfkissen war für meinen Geschmack viel zu klein gewesen. Der Kaffee hatte mir auch nicht geschmeckt an diesem Morgen. Ich hatte Heimweh und hoffte, dass das heute alles kurz und schmerzlos über die Bühne gehen würde. Damit ich bald meinen Heimweg antreten konnte.

Morgen müsste ich bei einer Familie den Umzug koordinieren. Weil er mit einem gebrochenen Bein invalide war und sie beruflich zu eingespannt, um Kisten zu schleppen und den Umzugshelfern zu sagen, wo was hingehörte. Der Gedanke an diesen morgigen Job bereitete mir zusätzlich schlechte Laune.

Dann endlich erschien die Moderatorin. Eine sehr nette, bescheidene Frau mit langen schwarzen Haaren.

»Wir sind auf Sendung – in drei, zwei, eins …«

Dann hörte ich die eingespielte Melodie des Vorspanns, und keine dreißig Sekunden später waren wir live auf Sendung. Ich riss mich zusammen und wollte meiner Niedergeschlagenheit heute keine Plattform geben, daher motivierte ich mich von innen heraus.

Ich konzentrierte mich auf mein Gegenüber.

»Dann kommen wir auch schon zu meiner ersten Frage: Justyna, wo sehen Sie sich in fünf Jahren?«

»Wie bitte?«

»Wo sehen Sie sich in fünf Jahren?«

Auf diesen Satz war ich nicht gefasst. Er irritierte mich. Ich war auf ganz andere Fragen eingestellt. Das Neue daran war für mich, dass die Antwort auf jeden Fall etwas mit meiner Zukunft zu tun haben müsste und nicht mit meiner Vergangenheit. In meinem Buch und in all den damit verbundenen Interviews konnte ich stets aus meiner Erinnerung schöpfen. Von Ereignissen und Geschichten berichten, die ich bereits erlebt und die ihre Spur in meinem Gedächtnis und meiner Seele hinterlassen hatten.

Doch nun wollte die Moderatorin von mir eine Prognose. Einen Ausblick auf mein zukünftiges Leben. Das war für mich verdammt schwierig. Ich bin zwar kein Mensch, der von heute auf morgen lebt. Aber auch ich schiebe mal gern die langfristige Lebensplanung vor mir her. Weil ich mich damit auf Dinge festlege, die ich unter Umständen einmal bereuen würde.
Und festlegen konnte ich mich momentan einfach nicht. Zu spannend ist mein gegenwärtiges Leben, zu viel passiert in letzter Zeit, als dass ich sagen könnte, was ich in ein paar Jahren zu sein oder tun beabsichtige.

»Justyna?«

Mit ihrem ständigen Nachfragen machte es mir die Moderatorin auch nicht leichter. Also besann ich mich auf mein Bauchgefühl und meine innere Stimme. Ich schloss meine Augen, holte tief Luft und dachte nicht mehr allzu penibel nach über das, was ich nun antworten würde:

»In fünf Jahren sehe ich mich immer noch als ich selber, Justyna. In den kommenden fünf Jahren wird es keiner geschafft haben, mich zu verändern, zu biegen oder zu brechen. Ich werde nach wie vor für das einstehen, was ich tue und sage. Ob ich dann immer noch eine Putzfrau bin, weiß ich nicht. Das hängt auch maßgeblich davon ab, wie erfolgreich ich mit meiner zweiten Karriere bin.«

»Das heißt …«

Ich ließ der Frau keine Chance, eine Zwischenfrage zu stellen. Wie bei einem reißenden Strom schossen nun die Worte aus meinem Mund, als ob ich von irgendwoher ferngesteuert würde.

»Ja, das heißt, dass ich meine Arbeit als Putzfrau als meine erste Karriere ansehe. Denn hätte ich nicht geputzt, wäre ich nicht in Deutschland geblieben und hätte nicht meinen Mann geheiratet. Und hätte ich nicht angefangen, als Putzfrau zu arbeiten, hätte ich nie die Geschichte meines bisherigen Lebens zu Papier gebracht. Also wird das Putzen immer meine erste, meine eigentliche und meine ursprüngliche Karriere sein.«

»Bereuen Sie …«

»Nein, ich bereue keine einzige Sekunde.« Die Frau war heute so gut wie arbeitslos, aber ich konnte dem Impuls, mir diese Dinge von der Seele zu reden, nicht Einhalt gebieten. »Ich habe in den letzten zwölf Jahren wunderbare Menschen kennengelernt. Ich habe Dinge erlebt, von denen andere nur träumen können, Alpträume eingeschlossen. Abends, wenn ich von meinen Kunden nach Hause gehe, habe ich das Gefühl, lebendig zu sein. Am Leben. Denn jeder Tag in meiner Welt ist anders. Nie wird es langweilig. Ich bin gezwungen, mich immer wieder auf neue Menschen und deren Zuhause einzulassen. Ich werde honoriert für das, was ich tue. Heute mehr als gestern. Könnte ich noch einmal von vorne anfangen, ich bin mir nicht sicher, ob ich es unbedingt anders machen würde. Und selbst wenn, wäre das auch kein Problem. Denn es würde mich nicht verändern.

Ich bin nicht, was ich bin – eine Putzfrau.
Sondern, wer ich bin – Justyna aus Polen.«

Die Moderatorin hielt eine Weile inne, während ich nach meinem Glas griff und einen großen Schluck Wasser nahm.

Dann sah sie mich an und sagte:

»Ich denke, Sie haben alle meine Fragen beantwortet. Vielen Dank für Ihren Besuch, Justyna. Und für Ihre Ehrlichkeit. Alles Gute.«

Dieser Auftritt kam mir vor wie der kürzeste, den ich je hatte. Denn ich hatte quasi einen Monolog gehalten. »Frei Schnauze« sozusagen. Ich war über mich selber überrascht. Denn jedes Wort war richtig.

Müde, aber glücklich setzte ich mich an jenem Nachmittag ins Taxi.

»Zum Flughafen, bitte.«

Und beim Losfahren kamen mir die letzten Zeilen meines Buches in den Sinn:

»Mein Name ist Justyna, und ich bin Putzfrau.
Mein Leben ist reich.«

Und leise, ganz leise fügte ich an:

»Reicher denn je …«

ENDE